SUBSIDIA BIBLICA
26

subsidia biblica – 26

PASQUALE BASTA

GEZERAH SHAWAH

Storia, forme e metodi dell'analogia biblica

EDITRICE PONTIFICIO ISTITUTO BIBLICO — ROMA 2007

2006 - Prima edizione
2007 - Prima ristampa

EAN 978-88-7653-628-1
ISBN 88-7653-628-0
© E.P.I.B. – Roma – 2007
Iura editionis et versionis reservantur

EDITRICE PONTIFICIO ISTITUTO BIBLICO
Piazza della Pilotta, 35 - 00187 Roma, Italia

INTRODUZIONE

Il confronto con il giudaismo rabbinico è una delle acquisizioni più importanti dell'esegesi neotestamentaria recente. Da quando maestri del calibro di Montefiori, Moore, Bonsirven e Schoeps hanno cominciato da pionieri a riconsiderare e a rivalutare i quadri teologici, religiosi ed ermeneutici della sinagoga del primo secolo, l'interesse per la materia non si è più sopito. Anzi è cresciuta nella comunità scientifica la consapevolezza della necessità di una conoscenza sempre più profonda di quel vasto mondo culturale legato al giudaismo di marca proto-rabbinica, che è l'orizzonte primo all'interno del quale le giovani comunità cristiane predicarono il Vangelo. In particolare l'interesse si sta concentrando ultimamente su quegli stessi metodi di interpretazione che i primi scrittori cristiani mutuarono dalla sinagoga ed utilizzarono per dare fondamento alle loro riletture dell'AT. Del resto solo pochi anni fa la Pontificia Commissione Biblica, nel documento *L'interpretazione della Bibbia nella Chiesa*, affermava:

> All'interno della Bibbia cristiana, i rapporti tra Nuovo Testamento e Antico Testamento non sono quindi privi di complessità. Quando si tratta dell'uso di testi particolari, gli autori del Nuovo Testamento fanno naturalmente ricorso alle conoscenze e ai procedimenti di interpretazione del loro tempo. Esigere da essi che si conformino ai metodi scientifici moderni sarebbe un anacronismo. L'esegeta deve piuttosto acquisire la conoscenza dei procedimenti antichi per poter interpretare correttamente l'uso che ne viene fatto[1].

La stessa Commissione, qualche anno più tardi, ne *Il popolo ebraico e le sue Sacre Scritture nella Bibbia cristiana*, ha attirato l'attenzione su alcune metodiche rabbiniche il cui uso è attestato all'interno del Nuovo Testamento:

> I metodi giudaici tradizionali di argomentazione biblica per stabilire delle regole di comportamento – metodi codificati più tardi dai rabbini – sono utilizzati di frequente, sia nelle parole di Gesù riportate dai vangeli che nelle lettere. Quelle che ricorrono più spesso sono le due prime *middoth* («regole») di Hillel, il *qal wa-*

---

[1] Pontificia Commissione Biblica, *L'interpretazione della Bibbia nella Chiesa* (Città del Vaticano 1993) 82-83.

homer e la *gezerah shawah*. Esse corrispondono, grosso modo, all'argomento *a fortiori* e all'argomento per *analogia*"[2].

Il presente sussidio, raccogliendo l'invito ad approfondire la conoscenza delle metodiche ermeneutiche care al rabbinismo del secondo tempio, si concentra particolarmente sui procedimenti analogici come fenomeni di intertestualità e sulla *gezerah shawah*, vista la grande pregnanza di cui questa gode in alcuni passaggi neotestamentari di fondamentale importanza.

Lo studio parte da una considerazione generale sull'attività midrashica per poi esaminare la pagina programmatica di Hillel in cui la regola compare in maniera sistematica per la prima volta (capitolo primo). A partire da questo testo si entra poi nella valutazione più generale dei quadri logici che soggiacciono alle conclusioni analogiche e agli elementi formali che ne accompagnano l'impiego (capitolo secondo). Al centro del percorso si colloca l'obiettivo più ambizioso, che consiste nella descrizione dei molteplici livelli di funzionamento a cui le corrispondenze testuali possono condurre se fatte lavorare con competenza e rigore (terzo capitolo). Solo a questo punto viene percorsa la lunga e travagliata storia di una regola che passò attraverso entusiasmi e discredito fino al tempo della sua pressoché definitiva regolamentazione in epoca tannaitica (capitolo quarto). Infine, una volta completata l'indagine conoscitiva sulla regola, si passa all'esame e alla valutazione critica di alcuni passaggi neotestamentari in cui il metodo viene usato, in particolare da Paolo (capitolo quinto).

Quanto al contenuto del lavoro, esso recupera molte informazioni presenti in eccellenti contributi sulla materia, pubblicati prevalentemente in ambito tedesco o anglofono, ma con una sua caratteristica ben precisa. La *gezerah shawah* non viene mai da me concepita come un ragionamento basato soltanto su una relazione di identità, uguaglianza o "medesimità", bensì su nessi veramente analogici come la similarità, da cui scaturiscono poi legami di contiguità, consequenzialità, causalità e deduttività. Mi sembra che questa sia la cifra più innovativa sulla questione e anche quella che può far crescere maggiormente la ricerca futura, nella misura in cui invita gli esegeti a non cogliere ripetizioni situazionali all'interno della Bibbia, ma costanti che si ripropongono pur nella diversità delle singole contingenze.

Non sarei mai approdato ad un simile progetto di studio e ad un prodotto così ampio se non fossi stato seguito in fase di ricerca da P. Jean-Noël Aletti, S.J., che mi ha introdotto con maestria nell'articolato mondo della *gezerah*

---

[2] PONTIFICIA COMMISSIONE BIBLICA, *Il popolo ebraico e le sue Sacre Scritture nella Bibbia cristiana* (Città del Vaticano 2001) 37.

shawah, e da P. Johannes Beutler, S.J., che mi ha fornito utili suggerimenti alla luce di quell'amore per il dialogo tra ebrei e cristiani che da sempre lo contraddistingue. P. James Swetnam, S.J., ha voluto accogliere con disponibilità ed entusiasmo questo lavoro all'interno della collana *Subsidia Biblica*. Il signor Carlo Valentino ha prestato la sua preziosa opera in sede di organizzazione tipografica. A loro va la mia più sentita gratitudine.

Roma, 5 gennaio 2006

ABBREVIAZIONI E SIGLE[1]

Ab	Abacuc
ABC	The Anchor Bible Commentary
AnBib	Analecta Biblica
ARN	Avot de Rabbi Natan
At	Atti degli Apostoli
AT	Antico Testamento
bBM	Talmud Babilonese, trattato Baba Mesi'a
bBQ	Talmud Babilonese, trattato Baba Qamma
bGit	Talmud Babilonese, trattato Gittin
bKer	Talmud Babilonese, trattato Keritot
bNid	Talmud Babilonese, trattato Nidda
bPes	Talmud Babilonese, trattato Pesahim
bShab	Talmud Babilonese, trattato Shabbat
bTaan	Talmud Babilonese, trattato Ta'anit
bYev	Talmud Babilonese, trattato Yevamot
bYom	Talmud Babilonese, trattato Yoma
BHTh	Beiträge zur historischen Theologie
Bib	*Biblica*. Commentarii periodici Pontificii Istituti Biblici
CEI	Bibbia CEI
cf.	confronta
1 Cor	prima Corinti
1/2 Cr	primo/secondo Cronache
CRINT	Compendia Rerum Iudaicarum ad Novum Testamentum
CTNT	Commentario teologico del Nuovo Testamento
CurResB	*Currents in Research:Biblical Studies*
DBS	Dictionnaire de la Bible. Supplément
Dn	Daniele

---

[1] Le sigle utilizzate sono conformi a S. M. SCHWERTNER, *Internationales Abkürzungsverzeichnis für Theologie und Grenzgebiete / International Glossary of Abbreviations for Theology and Related Subjects* (IATG^2) (Berlin – New York ^{2}1992) = *Theologische Realenzyklopädie*. Abkürzungsverzeichnis (Berlin – New York ^{2}1994).

Dt	Deuteronomio
Eb	Ebrei
ebr.	ebraico
ecc.	eccetera
ED	*Euntes Docete*
ed./edd.	edidit/ediderunt
EJ	Encyclopaedia Judaica
Es	Esodo
EstB	*Estudios Biblicos*
EThL	*Ephemerides theologicae Lovanienses*
ETR	*Études Théologiques et Religieuses*
Ez	Ezechiele
Gal	Galati
Gb	Giobbe
Gn	Genesi
Gs	Giosuè
IET	Institut d'Etudes Théologiques
HUCA	*Hebrew Union College Annual*
JE	Jewish encyclopedia
JQR	*Jewish quarterly review*
JSNT SS	Journal for the Study of the New Testament Supplement Series
Jud	*Judaica*
Lc	Luca
Lv	Levitico
LXX	Septuaginta
1 Mac	primo Maccabei
Mc	Marco
mAr	Mishnah, trattato Arakhin
mBes	Mishnah, trattato Besa (Yom Tov)
MekhY	Mekhilta de Rabbi Yishma'el
mQid	Mishnah, trattato Qiddushin
mPes	Mishnah, trattato Pesahim
mSan	Mishnah, trattato Sanhedrin
Mt	Matteo
n.	nota
Nm	Numeri
NT	Nuovo Testamento
NTS	New Testament Studies
NY	New York

Os	Osea
p.; pp.	pagina/e
Prv	Proverbi
rec.	recensione
REJ	*Revue des études juives*
RivBib	*Rivista Biblica*
RQ	*Revue de Qumran*
RevSR	*Revue des sciences religieuses*
Rm	Romani
Sal	Salmi
1/2 Sam	primo/secondo Samuele
SBL DS	Society of Biblical Literature Dissertation Series
SifDt	Sifre Deuteronomio
Sir	Siracide
SJTh	*Scottish Journal of Theology*
SNTS MS	Studiorum Novi Testamenti Societas Monograph Series
SRivBib	Supplementi alla Rivista Biblica
TM	Testo Massoretico
1 Tm	prima Timoteo
tSan	Tosefta Sanhedrin
v.; vv.	versetto/i
WUNT	Wissenschaftliche Untersuchungen zum Neuen Testament
yPes	Talmud Palestinese, trattato Pesahim
ZNW	*Zeitschrift für die neutestamentliche Wissenschaft*
/	cesura
+	e, con
=	uguale a

CAPITOLO PRIMO

La *gezerah shawah* nell'esempio di Hillel

Tra le acquisizioni più importanti della ricerca biblica contemporanea va annoverato il crescente interesse mostrato dai neotestamentaristi nei confronti della letteratura protogiudaica. Un simile orientamento non deve stupire se si considera il fatto che le vicende, le idee, i concetti e le stesse parole del NT sono sorte sovente in un contesto di confronto con la sinagoga del primo secolo. Di conseguenza il reperimento delle più antiche fonti rabbiniche sta contribuendo in maniera notevole alla comprensione di tante pagine matteane, lucane, paoline (ma il discorso è generale), nella misura in cui dall'antichità nuova luce giunge fino a noi.

1. Dal *midrash* alle *middoth*

Tra gli ambiti da cui oggi maggiormente si attinge ai fini di parallelismi e comparazioni, una menzione tutta particolare spetta a quel grande universo letterario che è il *midrash*. Del resto, in un certo senso, non è sbagliato dire che un po' tutta la letteratura rabbinica reca in sé evidenti le tracce di questa forma peculiare di indagine sul testo biblico.

1.1 *L'attività midrashica*

Ma cosa si intende precisamente con il termine *midrash*? Una forma letteraria ben precisa e formalmente canonizzata oppure, più semplicemente, una modalità piuttosto generica attraverso cui si interpretava la Scrittura[1]?

---

[1] A riguardo cf. R. LE DÉAUT, «A propos d'une définition du midrash», *Bib* 59 (1969) 395-413; R. BLOCH, «Midrash», DBS V, 1263-1281; J. NEUSNER, *What is Midrash?* (Philadelphia 1987); R. B. HAYS, *Echoes of Scripture in the Letters of Paul* (New Haven-London 1989) 10-14; F. MANNS, *Le Midrash* (Jérusalem 1990). In maniera sintetica H. L. STRACK - G. STEMBERGER, *Einleitung in Talmud und Midrasch* (München [7]1982) 21-26, afferma che il *midrash* è un modo di spiegare la Scrittura, in base al quale testi biblici vengono citati esplicitamente attraverso formule introduttive; riguardo ad un testo ci possono essere interpretazioni molteplici, presentate una dopo l'altra e tutte ritenute ugualmente giuste; nell'interpretazione si procede

Non è qui possibile entrare in una discussione tecnica relativa al senso stesso della parola *"midrash"*, ma probabilmente è anche auspicabile non approfittare troppo del termine estendendolo a dismisura. Quel che è certo è la presenza largamente attestata di una attività rabbinica di tipo midrashico da intendere come reperimento di un senso ricercato, di un motivo che sfugge ad un semplice ascolto, come un andare oltre quanto risulta ovvio ad una prima lettura. In questa accezione il presupposto ermeneutico su cui si basa ogni indagine esegetica svolta sul testo biblico nasce dalla consapevolezza che ci sono settanta facce all'interno della *Torah* e quindi la ricerca dei significati della Scrittura è inesauribile. Compito dello studioso-omileta è tentare, con ogni capacità e maestria possibili, di ricercare un livello del testo che sia sempre più profondo a beneficio della conoscenza e della edificazione di tutta la comunità. Di conseguenza la grandezza del *midrash* consiste proprio nella attitudine con cui riesce ad interrogare la Bibbia, ponendogli domande che favoriscano la riflessione del lettore/ascoltatore. Risulta così spiegata la ragione per cui il *midrash* è così esteso: in quanto attività collaterale alla stessa lettura e spiegazione sabbatica del testo sacro era la mansione del più umile scriba come del più grande sapiente.

Da un punto di vista storico, però, il *midrash* è già attestato, come attività di rilettura, internamente alla stessa Scrittura, visto che costituisce lo stesso metodo attraverso cui si sono formate grosse porzioni dell'AT. Ad esempio, il Dt può essere considerato a ragion veduta un *midrash* sulle antiche leggi del codice dell'alleanza. Ma dove un simile procedimento emerge con una chiarezza estrema è in particolare nei libri delle Cronache, che sono pensati e concepiti proprio come una rilettura midrashica dei libri di Samuele e dei Re. Non è un caso che le uniche due menzioni del nostro termine ricorrano in

> 2Cr 13,22: "Le altre gesta di Abia, le sue azioni e le sue parole, sono descritte nella memoria (= nel *midrash*) del profeta Iddo";

וְיֶתֶר דִּבְרֵי אֲבִיָּה וּדְרָכָיו וּדְבָרָיו כְּתוּבִים בְּמִדְרַשׁ הַנָּבִיא עִדּוֹ

> 2Cr 24,27: "Per quanto riguarda i suoi figli, la quantità dei tributi da lui riscossi, il restauro del tempio di Dio, ecco tali cose sono de-

---

secondo regole precise; si distingue il *midrash* halakico da quello haggadico a seconda della loro funzione; scopo del *midrash* è l'attualizzazione della Bibbia. Al contrario D.-A. KOCH, *Die Schrift als Zeuge des Evangeliums*. Untersuchungen zur Verwendung und zum Verständnis der Schrift bei Paulus (BHTh 69; Tübingen 1986) 225, ritiene che con il termine *midrash* si intende dire semplicemente che un singolo testo si concentra su un passaggio della Scrittura e sulla sua interpretazione.

scritte nella memoria (= nel *midrash*) del libro dei Re";

וּבָנָיו יֶרֶב הַמַּשָּׂא עָלָיו וִיסוֹד בֵּית הָאֱלֹהִים הִנָּם כְּתוּבִים
עַל־מִדְרַשׁ סֵפֶר הַמְּלָכִים

Questi due versetti lasciano intendere, in uno stadio molto antico, che l'autore delle Cronache, nel momento in cui ha fatto opera redazionale per compilare la sua storia sacra, ha attinto da tutta una serie di testi che già cominciavano ad essere qualificati ai suoi giorni con il termine tecnico di *midrashim*.

1.2 *Le finalità del midrash*

Ma quali erano gli scopi che un simile procedimento di ricerca esegetica si prefiggeva? A cosa mirava la rilettura continua della Bibbia all'interno di comunità di studio e di preghiera? In quanto attività interpretativa, il *midrash* si rivolgeva esclusivamente alla Scrittura, ma con un obiettivo ben preciso: adattare quelle stesse pagine al presente, all'oggi, al quotidiano al fine di istruire e di edificare in maniera sempre più compiuta il lettore o l'ascoltatore[2]. Lo scopo del *midrash* è, dunque, duplice:

- anzitutto vi è il dovere di edificare, di proclamare l'opera di Dio all'interno della comunità, di interpretare, di fare omelia; questo primo livello conduce generalmente ad una esortazione morale, a volte racchiusa in forma di racconto o di parabola, oppure ad una descrizione agiografica di grandi personalità in vista della loro imitazione;

- in secondo luogo dovere del *midrash* è conciliare, facendo quadrare il vecchio con il nuovo, perché con il passare del tempo sopraggiungono sviluppi teologici prima impensabili, come testimonia un confronto anche solo sommario tra due testi in cui il livello di rilettura appare evidente:

2Sam 24,1:   "La collera del Signore si accese di nuovo contro Israele e incitò Davide contro il popolo in questo modo: «Su, fa' il censimento d'Israele e di Giuda»";

1Cr 21,1:   "Satana insorse contro Israele. Egli spinse Davide a censire gli Israeliti".

---

[2] Cf. E. E. ELLIS, *L'Antico Testamento nel primo cristianesimo* (Brescia 1999) 123.

Nel primo testo il protagonista dell'azione è Dio, che spinge Davide a fare il censimento di Israele e di Giuda. Ma ben presto ci si accorse che la catalogazione del popolo fu una cattiva idea, viste le terribili conseguenze che essa scatenò. Ecco allora che con il passare del tempo la sensibilità teologica di Israele capì che non poteva essere stato Dio a consigliare questo. Di conseguenza in 1Cr 21,1 è Satana e non più Dio che esorta Davide a fare il censimento degli Israeliti. Si tratta evidentemente di una reinterpretazione, di un *midrash* perché secondo una nuova sensibilità non andava più bene far intervenire Dio in questi casi. Meglio era che un agente angelico, cattivo e provocatore come quello operante sulla scena di Giobbe, venisse fatto intervenire al posto di Dio.

1.3 *I luoghi del midrash*

Come si può già arguire da questi pochi cenni il *midrash* era una attività molto diffusa nei secoli che precedettero e seguirono l'evento cristiano, visto e considerato il contatto quotidiano che l'ebreo intratteneva con il suo libro di riferimento. Non si dimentichi a proposito che in Israele la Bibbia veniva ad essere il libro scolastico per eccellenza, messo in mano ai bambini fin dalla più tenera età, all'interno di quella istituzione al tempo stesso religiosa ed educativa che era la sinagoga. In questo ambito prestava la sua opera preziosa lo scriba (*sofer*), una sorta di maestro elementare che insegnava a leggere e a scrivere all'interno della casa del libro (*bet sefer*), utilizzando tre archi disciplinari tra loro complementari:

1. lettura della Bibbia ebraica, che diventava di volta in volta abbecedario, sillabario, grammatica, libro di storia e cartina geografica;

2. traduzione targumico-parafrastica della Bibbia in aramaico, che era la lingua del popolo;

3. interpretazione midrashico-attualizzante, soprattutto a livello di parabole e narrazioni, con una attenzione piuttosto bassa ai temi giuridici.

Questa terza materia manifestava poi i maggiori punti di contatto con l'attività religiosa vera e propria. Infatti l'omelia sinagogale era il luogo più eminente dell'attività midrashica, tanto che l'omileta era chiamato anche il *darshan*, colui che fa la spiegazione del testo al popolo. Ma responsabile della sinagoga e maestro elementare spesso, soprattutto nei villaggi più piccoli, coincidevano, con la conseguenza che lo stesso individuo poteva produrre due diversi tipi di *midrash*, uno più esegetico nella casa di studio, uno più omiletico nella sinagoga. Non è difficile a questo punto ipotizzare che i legami tra queste due modalità espressive siano stati più stretti di quanto normalmente si crede. Il *darshan*, infatti, aveva tutto il tempo di preparare la sua omelia festiva, attingendo alle ore stesse che dedicava all'insegnamento scolastico nella casa di studio tra i giovani del posto[3].

1.4 *Le middoth*

Un procedimento simile spiega il perché un qualsiasi *midrash*, di solito anche molto inventivo, non era però quasi mai arbitrario, soggettivo, legato soltanto all'estro dell'interprete, ma obbediva a certe norme e procedimenti ben collaudati nel corso del tempo. Infatti nel tentativo settimanale di raccordare tra loro *Torah* scritta e *Torah* orale, parole antiche e nuove esigenze, Scrittura e vita, il midrashista faceva ricorso pressoché costante ad alcune procedure ermeneutiche consolidate e condivise dal suo uditorio, che evidentemente erano patrimonio comune. Sono le famose *middoth*, le uniche regole interpretative unanimemente ammesse all'interno della comunità ai fini di una ricerca biblica che, scevra da abusi, si inserisse negli argini sicuri della grande tradizione[4]. Tra queste, una delle più utilizzate nell'elaborazione dei *midrashim* è senza ombra di dubbio la *gezerah shawah* (d'ora in poi sempre GS), un ragionamento analogico che aveva il grande merito di riuscire a mettere in connessione numerosi passi biblici, favorendo in tal modo un dialogo interno tra testi anche molto lontani tra loro. A questa metodica si volgerà la nostra attenzione a partire dalla prima pagina in cui la regola compare in maniera esplicita, vale a dire il celebre episodio della discussione sulla data della Pasqua in cui Hillel argomentò davanti agli anziani di Beteirah adducendo a suo favore tutta una serie di procedimenti esegetici atti a dipanare l'oggetto del contenzioso.

---

[3] Per informazioni più dettagliate relativamente all'attività midrashica, alle sue finalità e ai suoi luoghi cf. A. MELLO, *Evangelo secondo Matteo. Commento midrashico e narrativo* (Magnano 1995) 11-25.

[4] Cf. J. LUZARRAGA, «Principios hermenéuticos de exégesis bíblica en el rabbinismo primitivo», *EstB* 30 (1971) 177-193; M. PERANI, «L'interpretazione della Bibbia presso i Rabbi. Aspetti dell'ermeneutica rabbinica», *RivBib* 45 (1997) 329-346; G. BODENDORFER, «Die Tora ist nicht im Himmel. Rabbinische Exegese und Hermeneutik», *Sinnvermittlung. Studien zur Geschichte von Exegese und Hermeneutik I*, (edd. P. MICHEL - H. WEDER) (Zürich 2000) 115-140.

2. Hillel e la nascita dell'ermeneutica giudaica

La prima menzione esplicita delle regole ermeneutiche in uso all'interno dell'esegesi giudaica risale ad una celeberrima pagina del Talmud, sulla cui antichità l'accordo è tuttavia unanime, in cui si racconta di come i capi farisei del Sinedrio convocarono il babilonese Hillel per sottoporgli il delicato caso giuridico della sovrapposizione del 14 di Nisan con il sabato. La discussione halakika che ne seguì è tutta centrata sul tentativo di sciogliere gli elementi di difficoltà a partire dall'applicazione di tre *middoth* ai testi biblici in questione[5]. Ciò non significa, ovviamente, che Hillel abbia inventato seduta stante le regole che la tradizione pur gli attribuisce, ma solo che ne è stato il primo ad averle assemblate ed introdotte all'interno delle discussioni legali del Sinedrio, conferendogli la dignità di indispensabili mezzi di ausilio esegetico. In tal senso il grande Rabbi del tempo di Erode I (morto intorno al 10 d.C.) ha semplicemente il merito di aver unificato le molteplici forme di procedimento esplicativo allora in vigore, riducendole a quelle più antiche e fondamentali. Oltre al primo elenco hillelita[6], comparirà successivamente un secondo catalogo con 13 regole, attribuito a Ismael ben Elisha (morto intorno al 135 d.C.), ed un terzo, con ben 32 regole, la cui paternità risale a Eliezer ben Jose Ha-

---

[5] Cf. H. STRACK, *Einleitung in Talmud und Midrasch* (München 1930) 95-109; S. LIEBERMAN, *Hellenism in Jewish Palestine*. Studies in the Literary Transmission Beliefs and Manners of Palestine in the I Century B.C.E. - IV Century C.E. (New York 1950) 54; G. STEMBERGER, *Il Talmud*. Introduzione, testi, commenti (Bologna 1995) 79-83; ID., *Introduzione al Talmud e al Midrash* (Roma 1995) 31.

[6] Le sette regole di Hillel compaiono in *tSan* 7, 11; *Sifra* I.I.8^{A-H} (ed. J. NEUSNER, 63), preceduto però dall'elenco più lungo di Rabbi Ismael; *ARN* 37, 10. Per rapidi cenni:
1. *Qal wa-ḥomer* (dal più leggero al più pesante) – se qualcosa è vero in un caso minore allora ciò è vero nel maggiore e viceversa.
2. *Gezerah shawah* (uguale ordinamento) – argomento basato su una analogia tra due passaggi similari.
3. *Binyan ab mi-katub eḥad* (fondazione di una famiglia) – un aspetto specifico che si trova solo in un testo di una serie di passaggi biblici in relazione tra loro viene applicato a tutti; in tal modo il testo base conferisce a tutti gli altri un carattere comune che li fonda in quanto famiglia.
4. *Biyan ab mi-shene ketubim* (fondazione di una famiglia sulla base di due passaggi) – è uguale alla terza middah, con la differenza che la regola generale si fonda su due passaggi e non su uno soltanto.
5. *Kelal u-perat u-perat u-kelal* (generale e particolare, particolare e generale) – il generale può essere definito attraverso il particolare e viceversa.
6. *Ke-yoze bo be-maqom aḥer* (qualcosa di simile in un altro passaggio) – è come la GS, ma molto meno restrittiva nel suo impiego.
7. *Dabar ha-lamed me-inyano* (argomento dal contesto) – i brani vanno spiegati anche in base a quel che si trova nelle vicinanze.

CAP. I: L'ESEMPIO DI HILLEL   19

Gelili (morto intorno al 150 d.C)[7]. La GS compare in tutti e tre gli elenchi, avendo come unica differenza il suo posizionamento. Infatti, mentre in Hillel ed Ismael occupa il secondo posto, in Eliezer ricorre soltanto in settima posizione. Se la diversa collocazione della GS esprima poi anche una precisa indicazione circa la diminuita considerazione del suo livello qualitativo nel corso dell'evoluzione storica dell'ermeneutica giudaica, non può essere a tutt'oggi definitivamente affermato[8].

2.1 *La questione dell'offerta pasquale*

Venendo ora all'episodio in se stesso, dunque, Hillel dimostrò di essere un abile esperto dell'arte esegetica, nel momento in cui spiegò agli anziani di Beteirah alcuni tratti non ovvii dell'offerta pasquale, desumibili soltanto attraverso l'applicazione di alcune regole interpretative. La vicenda in questione, narrata sia nel Talmud Palestinese (*yPes* 33a) che in quello Babilonese (*bPes* 66a), segna una pietra miliare dell'ermeneutica rabbinica[9]. Leggiamolo per esteso, sulla base di *yPes* 33a, per cogliere alcuni tratti fondamentali dell'esegesi giudaica e della GS:

> "Queste sono le cose riguardanti la Pasqua, ecc."[10]. Questa *halakah* era stata dimenticata dagli anziani di Beteirah[11]. Avvenne una volta che il 14 (di Nisan) cadeva di sabato, ed essi non sapevano se il sacrificio pasquale abrogasse il sabato oppure no. Dissero: C'è qui un Babilonese che si chiama Hillel, il quale ha assi-

---

[7] Per maggiori informazioni cf. S. ZEITLIN, «Hillel and the Hermeneutic Rules», *JQR* 54 (1963) 161-173; W. S. TOWNER, «Hermeneutical Systems of Hillel and the Tannaim: A Fresh Look», *HUCA* 53 (1982) 101-135; R. KASHER, «The Interpretation of Scripture in Rabbinic Literature», *Mikra*. Text, Translation, Reading and Interpretation of the Hebrew Bible in Ancient Judaism and Early Christianity (ed. M. J. MULDER) (Philadelphia/Assen/Mastricht 1988) 547-594; M. CHERNICK, «Internal Restraints on *Gezerah Shawah*'s Application», *JQR* 80 (1990) 253-282; A. J. HOBBEL, «Hermeneutics in Talmud, Midrash and the New Testament», *Immanuel* 24/25 (1990) 132-146. Sulla GS a Qumran cf. E. SLOMOVIC, «Toward an Understanding of the Exegesis of the Dead Sea Scrolls», *RQ* 7 (1969-1971) 3-15.

[8] Cf. a riguardo C. PLAG, «Paulus und die *Gezera schawa*: Zur Übernahme rabbinischer Auslegungskunst», *Jud* 50 (1994) 136.

[9] Per una documentazione completa cf. STRACK, *Einleitung in Talmud*, 97; A. C. AVRIL - P. LENHARDT, *La lettura ebraica della Scrittura* (Magnano ²1989) 76-78; STEMBERGER, *Introduzione al Talmud e al Midrash*, 31-33; ID., *Ermeneutica ebraica della Bibbia* (Brescia 2000) 120-121.

[10] Si sottintende il testo di *mPes* 6,1 circa la prescrizione che l'immolazione della Pasqua prevale sulle norme restrittive del sabato.

[11] Con questa espressione si indicavano i capi dei farisei presenti all'interno del Sinedrio.

stito Shemajah e Avtalion. Forse lui sa se la Pasqua abroga o no il sabato. È possibile che da lui ci venga qualche speranza?

Mandarono a chiamarlo e gli chiesero: In vita tua, hai mai sentito dire se, quando il 14 (di Nisan) viene a cadere di sabato, prevale o no sul sabato? Rispose loro: Abbiamo forse un sacrificio pasquale soltanto nel corso dell'anno che prevale sul sabato? Non ci sono invece molti *pesaḥim* che prevalgono sul sabato nel corso dell'anno? (Vi è chi dice che sono cento, chi dice duecento, chi dice trecento, ecc.). Allora dissero: Avevamo ragione a dire che da te viene qualche speranza!

Egli dunque cominciò a spiegare (*darash*) la cosa per mezzo dell'"assimilazione tra cose concrete" (*heqqesh*), della "deduzione dal più leggero al più pesante" (*qal wa-ḥomer*) e della "corrispondenza testuale" (*gezerah shawah*).

Per "assimilazione tra cose concrete": siccome il sacrificio perpetuo (*tamid*) è un sacrificio comunitario; come il *tamid*, che è un sacrificio comunitario, prevale sul sabato, così pure il *pesaḥ*, che è un sacrificio comunitario, prevale sul sabato.

Per "deduzione dal più leggero al più pesante": se il sacrificio perpetuo, la cui omissione non comporta la scomunica (dalla comunità = *karet*), prevale sul sabato, tanto più il sacrificio pasquale, la cui omissione comporta la scomunica, non è logico (*eino din*) che prevalga sul sabato?

Per "corrispondenza testuale": del sacrificio perpetuo si dice "nel suo tempo" (Nm 28,2) e del sacrificio pasquale si dice "nel suo tempo" (Nm 9,2); se pertanto il *tamid*, di cui si dice "nel suo tempo", prevale sul sabato, anche il *pesaḥ*, di cui si dice "nel suo tempo", deve prevalere sul sabato. Allora dissero: Dicevamo bene che può venire qualche speranza da un Babilonese! Tuttavia, all'assimilazione che hai esposto si può fare un obiezione: non è possibile che tu ti appoggi sul *tamid*, la cui quantità è limitata, per trarre delle conclusioni sul *pesaḥ*, la cui quantità è illimitata. Alla deduzione dal più leggero al più pesante che hai sostenuto vi è pure un'obiezione: non è possibile che tu ti fondi sul *tamid*, che è una cosa santissima, per trarre conclusioni sul *pesaḥ*, che è di una santità più leggera. Quanto, infine alla tua corrispondenza testuale, nessuno può usare una corrispondenza testuale di sua propria iniziativa (*me'azmo*[12])...

Rabbì Josè figlio di Rabbì Bun, in nome di Rabbì Abba bar Mamal dice: Un uomo può usare una corrispondenza testuale per "compiere" l'insegnamento che ha ricevuto (*leqajjem talmudo*), non per "abrogare" l'insegnamento ricevuto (*levattel talmudo*)...

Così, per quanto (Hillel) stesse seduto tutto il giorno a spiegare (*darash*), essi non accolsero (*leqabbel*) (l'insegnamento che veniva) da lui finché egli non disse loro: Venga su di me (la maledizione) se non ho udito ciò da Shemajah e Avtalion! Quando ebbero udito questo, si alzarono e lo elessero presidente (*nassì*) su

---

[12] Il seguito del racconto mostra come con questa espressione gli anziani del Sinedrio intendano dire che la GS può essere usata unicamente per confermare un dato tradizionale, non per innovare né per confutare.

di loro. Siccome lo avevano eletto loro presidente, egli cominciò a rimproverarli dicendo: Per quale ragione avete avuto bisogno di questo Babilonese? Non è forse perché non avete assistito i due grandi di questa generazione, Shemajah e Avtalion, che pure "sedevano" (= insegnavano) presso di voi? Ma siccome si era adirato, si dimenticò una *halakah*. Gli avevano domandato: Che cosa deve fare la gente se non ha portato i coltelli[13]? Egli disse loro: Questa *halakah* l'ho udita, ma l'ho dimenticata! Comunque lasciate fare a Israele: se non sono profeti, sono figli di profeti! E infatti, chi aveva un agnello come vittima pasquale, aveva infilato il coltello nella sua lana, e chi aveva un capretto glielo aveva infilato tra le corna, cosicché erano le vittime pasquali a portare con sé i coltelli! Quando vide questo fatto, si ricordò della *halakah* e disse: Così avevo sentito dire da Shemajah e Avtalion!

Il problema giuridico che soggiace a questo lungo racconto riguarda la liceità di offrire il sacrificio pasquale quando il 14 di Nisan, vigilia della festa, cade di sabato. La difficoltà deriva dal fatto che molte delle azioni richieste per la preparazione degli olocausti e delle offerte sono di fatto proibite dalle norme che regolamentano il giorno di riposo. Due leggi di primaria importanza si trovano così in rotta di collisione tanto da mettere l'intero Sinedrio di fronte ad una questione che per molti versi appare non risolvibile sulla base di quanto prescritto unicamente dalla stessa Bibbia. Hillel, tuttavia, affronta la difficoltà con singolare vigore, facendo leva su tre ragionamenti esegetici diversi tra loro ma concordi nel permettere la preparazione della pasqua anche quando vi è una sovrapposizione con il riposo sabbatico.

2.1.1 Un crescendo di procedure esegetiche

a) *Pesaḥ* ed *heqqesh*

Hillel istituisce innanzitutto un primo paragone tra il sacrificio pasquale e quello perpetuo a partire da una analogia oggettiva (= *heqqesh*): tanto il *pesaḥ* quanto il sacrificio quotidiano godono della caratteristica di essere offerte pubbliche e comunitarie. In base all'assimilazione di un elemento concreto comune si deducono poi altre similitudini, prima fra tutte la categoria temporale, l'unica che faceva poi veramente difficoltà. La reazione a questo ragionamento è, però, fin troppo facile da un punto di vista logico. Basta, infatti, individuare un elemento non analogo perché l'intera costruzione cessi di avere consistenza. Ed è quanto viene fatto nella replica, nel momento in cui gli anziani del Sinedrio sottolineano l'esistenza di un tratto difforme: la quantità

---

[13] Sono i coltelli per immolare la Pasqua, che non potrebbero essere trasportati in giorno di sabato.

dell'offerta non è la stessa nei due casi, ragion per cui il limite del *tamid* potrebbe anche sposarsi con le restrizioni sabbatiche, ma la quantità non limitata del *pesaḥ* fatica comunque a conciliarsi con il rigore del sabato[14].

b) *Pesaḥ* e *qal wa-ḥomer*

Si rende così necessario un nuovo argomento, tratto questa volta non da ciò che è analogo, ma da quanto risulta essere in contrasto. Il paragone successivo, infatti, viene stabilito a partire dalla normativa sulle trasgressioni, che prevedono la pena del *karet*, cioè la massima prevista, solo per il sacrificio pasquale e non per quello quotidiano. Ma se il sacrificio quotidiano (*tamid*) ha norme meno rigorose, tanto che la sua mancata offerta non prevede il *karet*, e può essere presentato di sabato, la stessa cosa non varrà anche per il sacrificio pasquale che ha norme e sanzioni più rigorose, dal momento che prevede la pena massima del *karet*? Se il più semplice respinge il sabato, a maggior ragione (= *qal wa-ḥomer*) quanto è più complesso! Se infatti il sacrificio quotidiano prevale sul sabato, nonostante la legge non preveda una pena corrispettiva, tanto più ciò deve valere per il sacrificio pasquale, la cui omissione prevede invece una sanzione gravissima. Ma anche questa volta l'argomento si presenta debole agli occhi degli anziani del Sinedrio. Del resto se la questione del *karet* può favorire un *qal wa-ḥomer* in favore del *pesaḥ*, esiste anche la possibilità che il più pesante sia il *tamid*, dal momento che la sua santità è infinitamente più grande di quella del *pesaḥ*, che ha una santità viceversa più leggera. Ancora una volta la logica non premia Hillel, la cui esegesi è puntualmente ribaltata con un rigore razionalmente perfetto.

c) *Pesaḥ* e *gezerah shawah*

Il terzo argomento, invece, non si presta a contestazione alcuna ed è per il nostro tema quello più pertinente. Hillel realizza qui, per mezzo di una GS, una decisione/risoluzione che offre la risposta al quesito iniziale sull'offerta pasquale a partire da due diversi passi biblici. Risulta così evidente come possa essere ottenuta una nuova direttiva oltre le limitate asserzioni di un

---

[14] Per *heqqesh* si intende una analogia oggettiva che prescinde dalla presenza di parole comuni. Questo procedimento non avrà fortuna nei successivi elenchi delle *middoth*, proprio a motivo della sua vulnerabilità. Per quanto prossimo alla GS, lo *heqqesh* se ne distanzia nella misura in cui si presenta come un argomento lato, laddove la GS è invece stringente. Tuttavia sull'ipotesi di una coincidenza in tempi remoti tra GS ed *heqqesh* cf. D. INSTONE-BREWER, *Techniques and Assumption in Jewish Exegesis before 70 CE* (Tübingen 1992) 17-18.

singolo passaggio sulla base di due termini identici che compaiono in pagine diverse della Scrittura:

- Nm 9,2: "I figli di Israele devono fare il sacrificio pasquale <u>a suo tempo</u>"

    יַעֲשׂוּ בְנֵי־יִשְׂרָאֵל אֶת־הַפֶּסַח **בְּמוֹעֲדוֹ**

- Nm 28,2: "Abbiate cura per quanto riguarda il mio sacrificio giornaliero al fatto che voi lo portiate <u>a suo tempo</u>"

    אֶת־קָרְבָּנִי לַחְמִי לְאִשַּׁי רֵיחַ נִיחֹחִי תִּשְׁמְרוּ לְהַקְרִיב לִי **בְּמוֹעֲדוֹ**

L'espressione <u>a suo tempo</u> (בְּמוֹעֲדוֹ), legata ad ambedue le forme di sacrificio, è la chiave di volta della dimostrazione. Dal momento che in due passaggi diversi della Scrittura (Nm 9,2 e Nm 28,2) compare la stessa specificazione temporale se ne può inferire una analogia: come il sacrificio quotidiano respinge le regole del sabato, dovendo essere offerto due volte al giorno tutti i giorni sabato incluso, così anche il sacrificio pasquale è lecito in giorno di sabato. Di conseguenza il sacrificio pasquale possiede l'identica qualità di obbligo di quello giornaliero, a prescindere dal fatto che cada o meno in giorno di sabato. Il fatto che in entrambi i testi si insista sulla scadenza temporale in un certo senso li equipara. Come si vede l'analogia letterale è la base attraverso cui Hillel giunge a rendere analoghi anche i concetti contenuti nei due brani.

2.1.2 La GS come operazione di restringimento all'interno della stessa Bibbia

In tal modo la Bibbia è stata spiegata per mezzo della Bibbia. È il fenomeno dell'esegesi all'interno della stessa Scrittura ("inner biblical exegesis"): siccome questa è Parola di Dio non può essere in contraddizione con se stessa e un testo oscuro della Scrittura può essere meglio compreso alla luce di un altro testo scritturistico. Il modo di accomunare i due versetti è, però, una questione assai seria, dal momento che la posta in gioco è sempre enorme: si ricorre ad una GS solo quando si fa fatica a spiegare brani difficili ed urge il ricorso a passi chiari. Essendo una operazione di restringimento e di focalizzazione su due soli testi ogni GS crea ovviamente problemi enormi, perché resta sempre da chiedersi se ogni singolo accostamento sia valido oppure no. Nel caso di Hillel, ad esempio, la stessa espressione בְּמוֹעֲדוֹ compare altre due volte, in

Nm 9,3: "La celebrerete a suo tempo, il quattordici di questo mese tra le due sere; la celebrerete secondo tutte le leggi e secondo tutte le prescrizioni e le usanze"

בְּאַרְבָּעָה עָשָׂר־יוֹם בַּחֹדֶשׁ הַזֶּה בֵּין הָעַרְבַּיִם תַּעֲשׂוּ אֹתוֹ **בְּמוֹעֲדוֹ**
כְּכָל־חֻקֹּתָיו וּכְכָל־מִשְׁפָּטָיו תַּעֲשׂוּ אֹתוֹ

Os 2,11: "Perciò anch'io tornerò a riprendere il mio grano, a suo tempo, il mio vino nuovo nella sua stagione; ritirerò la lana e il lino che dovevano coprire le sue nudità"

לָכֵן אָשׁוּב וְלָקַחְתִּי דְגָנִי בְּעִתּוֹ וְתִירוֹשִׁי **בְּמוֹעֲדוֹ**
וְהִצַּלְתִּי צַמְרִי וּפִשְׁתִּי לְכַסּוֹת אֶת־עֶרְוָתָהּ

Perchè Hillel ha scartato per la sua GS questi due testi concentrandosi solo su Nm 9,2 e Nm 28,2? Cosa lega in maniera assolutamente imprescindibile gli accostamenti hilleliti e che viceversa non ricorre ad esempio in Os 2,11? Per ora è sufficiente aver sollevato soltanto la questione, che riceverà una risposta definitiva più avanti, quando saranno esaminate le varie direttrici intorno a cui l'inferenza rabbinica presta la sua opera preziosa nel momento in cui sancisce secondo quali criteri due diversi passaggi siano poi abilitati a scorrere in parallelo.

2.1.3 Lo schema logico della GS hillelita

In definitiva, dunque, Hillel raggiunse per mezzo di una GS una decisione definitiva tale da risolvere per sempre, a vantaggio di tutte le generazioni future, l'intera questione della sovrapposizione tra preparazione dell'offerta pasquale e sabato. Così facendo egli dimostrò come fosse possibile giungere ad una nuova direttiva giuridica che andasse oltre i limiti contenutistici presenti in asserzioni poco chiare di una singola frase, a partire da due elementi corrispondenti presenti in luoghi diversi della Scrittura, anche lontani tra loro. Lo schema logico soggiacente a questa complessa operazione ermeneutica è, grosso modo, il seguente:

- se in un testo compare **a + b**

- e in un altro testo **c + b**

- allora **a** e **c** possono essere messi in rapporto l'uno con l'altro, in modo tale da poter condurre ad una nuova asserzione che non è direttamente espressa in nessuno dei due passaggi[15].

Ovviamente lo stesso schema-base ricorre in numerosi altri casi. Eccone un ulteriore esempio, anch'esso assai chiaro, tratto questa volta da *mBes* 1,7:

- **a + b** → La porzione di pane e le offerte sono un dono per il sacerdote
- **c + b** → e l'oblazione sacerdotale è un dono per il sacerdote.
- ‖c   Come non si porta (al sacerdote nel giorno festivo) l'oblazione sacerdotale,
  ‖a   così non si portano neanche le offerte.

Non bisogna, però, pensare che la GS sia imbastita sempre in maniera così lineare. Anzi, talvolta si fa fatica anche solo a rintracciarla. Tuttavia è interessante constatare come la Scrittura riceva attraverso questa metodica possibilità interpretative altrimenti insperate. Dettati biblici ermeticamente chiusi all'apparenza, tanto nella comprensione quanto nell'applicazione, ottenevano dalla GS un aiuto fondamentale in vista della loro "apertura". In questa ottica la regola hillelita si rivela metodo applicativo dotato di grande potenzialità ermeneutica, nella misura in cui è capace di creare nessi tra testi sul cui accostamento nessuno avrebbe mai pensato.

2.1.4 Reazioni di difficoltà alla GS hillelita

Nonostante, però, il rigore e l'eleganza della GS proposta da Hillel, sulla cui pertinenza vi era assai poco da eccepire, tuttavia il Sinedrio gli oppose non una obiezione, come nel caso dello *heqqesh* e del *qal wa-ḥomer*, ma una nota di metodo assai sorprendente:

"Nessuno può applicare la *gezerah shawah* di sua propria iniziativa"[16].

אין אדם דן גזירה שוה מעצמו

Ciò significa che la GS richiede sempre il consenso della tradizione. Ma qui le difficoltà cominciano ad essere notevoli. Che peso dare ad una regola ermeneutica, la cui applicazione è così fortemente compromessa fin dalla

---

[15] Cf. PLAG, «Paulus und die Gezera schawa», 137.

[16] La medesima avvertenza ricorre, pur se con una sfumatura notevolmente diversa, anche in un altro contesto: "Tu non utilizzerai la gezerah shawah alla leggera" (*bKer* 5a).

radice? Come mai viene negata al singolo interprete l'autonomia della ricerca, dal momento che lo si costringe ad evidenziare corrispondenze testuali avvalorate in prima battuta non dalla Bibbia, ma dalla stessa tradizione? Che il problema fosse intensamente avvertito è lo stesso Hillel a testimoniarlo. Egli, infatti, fonda in maniera definitiva la sua corrispondenza testuale sull'autorità dei suoi maestri Shemaya e Abtalyon. Ed è solo in virtù di tale precisazione che gli viene riconosciuto un consenso unanime. Probabilmente dietro questa caratteristica supplementare eppur decisiva, si nascondeva la necessità di restringere la regola, limitandola ad una funzione di conferma del dato tradizionale. In effetti, per sua stessa natura, la GS potrebbe generare proposte innovative sì, ma distanti da quanto originariamente inteso dalla Bibbia. Si comprende, allora, il monito di Rabbì Josè:

> "Un uomo può usare una corrispondenza testuale per *compiere* l'insegnamento ricevuto, non per *abrogare* l'insegnamento ricevuto"

אדם דן גזירה שוה לקיים תלמודו ואין אדם דן גזירה שוה לבטל תלמודו

Ciò significa che la GS doveva servire a tutelare, pur nelle provocazioni dell'oggi, la permanenza del nuovo all'interno dell'antico. In quanto ponte di raccordo ermeneutico tra la Scrittura ed il presente, la regola si faceva garante della validità e della correttezza degli elementi in dibattito, certificando che gli esiti delle indagini esegetiche non si discostassero dal retroterra biblico più genuino.

L'esempio di Hillel testimonia, quindi, già allo stato nascente, la difficile sorte che la storia seguente avrebbe riservato a questa metodica, tra attestati di stima e dichiarazioni di debolezza, fino al suo rigido inquadramento al tempo dei tannaiti. Non bisogna però pensare che la GS fosse considerata come argomento minore a cui ricorrere raramente viste le difficoltà insite ad ogni sua applicazione. Tutt'altro. Sulla forza interpretativa della regola va infatti ricordato l'invito talmudico a non considerare con sufficienza gli argomenti analogici, visto che molte importanti ingiunzioni della legge tradizionale possono ricevere la loro autorità scritturistica solo attraverso questa via. A riguardo in maniera esemplare *bKer* 5a ripete per ben quattro volte lo stesso monito (גזירה שוה קלה בעיניך וכי לעולם אל תהי) attribuendolo a differenti maestri:

> Disse Rabbi Ja..na. **Non disprezzare mai la conclusione per analogia.** Vedi infatti, il (divieto di mangiare) una vittima inadatta appartiene agli insegnamenti fondamentali della *Torah*, e tuttavia la Bibbia lo ha insegnato soltanto nella

conclusione per analogia. Disse infatti Rabbi Joḥanan che Rabbi Zabda bar Levi insegnò: Là si dice: "Chi ne mangia deve portare le conseguenze della sua colpa" (Lv 19,8) e qui si dice: "Chi ne avrà mangiato, subirà la pena della sua iniquità" (Lv 7,18). Come là (la punizione minacciata esplicitamente) è lo sterminio, così anche qui essa è lo sterminio.

Disse Rabbi Simai: **Non disprezzare mai la conclusione per analogia.** Vedi infatti, il (divieto di mangiare) il rimanente (dell'offerta) appartiene agli insegnamenti fondamentali della *Torah*, e tuttavia la Bibbia lo ha insegnato soltanto nella conclusione per analogia. Come avviene? Essa lo deduce da "sacro" ripetuto due volte: "Chiunque ne mangiasse, porterebbe la pena della sua iniquità; poiché profanerebbe ciò che è sacro al Signore" (Lv 19,8). E sta scritto: "Brucerai questo avanzo nel fuoco...; è cosa santa" (Es 29,34).

Disse Abaje: **Non disprezzare mai la conclusione per analogia.** Vedi infatti, il (divieto di sposare) la figlia di una donna che si è violentata appartiene agli insegnamenti fondamentali della *Torah*, e tuttavia la Bibbia lo ha insegnato soltanto nella conclusione per analogia. Allora disse Raba: Rabbi Isçhaq bar Abdimi mi ha detto: "essa" ripetuta due volte (Lv 18,10.17) contiene il divieto (di questo matrimonio); "incesto" ripetuto due volte (Lv 18,10.17; 20,14) include la morte sul rogo (come punizione per la violazione del divieto).

Disse Rabbi Ashì: **Non disprezzare mai la conclusione per analogia.** Vedi infatti, la lapidazione (di certi delinquenti) appartiene agli insegnamenti fondamentali della *Torah*, e tuttavia la Bibbia lo ha insegnato soltanto nella conclusione per analogia. Perché si insegna: qui si dice: "Il loro sangue ricadrà su di essi" (Lv 20,11: a proposito dell'incesto), e dei negromanti e degli indovini si dice "il loro sangue ricadrà su di essi" (Lv 20,27). Come là (Lv 20,27 esplicitamente) ciò avviene con la lapidazione, così anche qui (Lv 20,11, sebbene non sia detto espressamente)».

Ma a questa dichiarazione di fiducia fa da controaltare, in maniera emblematica, l'enunciato di Rabbi Ismael, secondo cui non può essere punito nessun uomo che abbia violato una legge insegnata attraverso GS, *qal waḥomer* e *ma matsinu* (= deduzione del tipo "come noi troviamo nel caso di X così nel caso di Y")[17]. In tal senso la GS non sfugge alla costante diffidenza che circonda ogni argomentazione basata sui nessi analogici[18].

---

[17] Cf. J. N. EPSTEIN, *Introduction to Tannaitic Literature*. Mishnah, Tosephta and Halakhic Midrashim (Jerusalem 1957) 521-536, citato da KASHER, «The Interpretation of Scripture», 578.
[18] Cf. C. PERELMAN - L. OLBRECHTS-TYTECA, *Trattato dell'argomentazione* (Torino ³2001) 392-420.

2.2 *Una pagina programmatica per tutte le future GS*

In conclusione alcune sottolineature si impongono nella misura in cui costituiscono l'*humus* intorno a cui prendono vita quasi tutte le deduzioni analogiche. Hillel:

- si muove all'interno di un dibattito acceso, che mira a stabilire una *halakah*;

- si ingegna per una GS che sia in continuità con l'antico, in modo tale da aderire pienamente all'indicazione di Rabbì Josè secondo cui si può usare la GS per "compiere" l'insegnamento ricevuto (*leqajjem*) e non per "abrogarlo" (*levattel*);

- biasima esplicitamente, con tono di rimprovero, la sua generazione che non ha prestato il dovuto ascolto a due grandi maestri come Shemajah e Avtalion.

In seguito quanti reperiranno una GS riprodurranno per intero queste tre coordinate fondamentali. Ad esempio l'"hillelita" Paolo in Rm 4 nell'atto di imbastire una GS tra Gn 15,6 e Sal 32,2:

- ha di fronte ha sé il problema scottante delle modalità della giustificazione, se questa avvenga a partire dalle opere della Legge oppure mediante la sola fede e di conseguenza cosa ciò comporti per quanti sono ormai, a prescindere dalla loro identità etnica, all'interno della πίστις Ἰησοῦ Χριστοῦ;

- aderisce pienamente all'indicazione di Rabbì Josè, nel momento in cui, in Rm 3,31, dichiara di non voler abrogare il νόμος (*levattel*), bensì compierlo, dargli un fondamento, stabilirlo, far si che esso regni (*leqajjem*)[19];

---

[19] In virtù della considerazione che la GS si esercita solo per compiere l'insegnamento tradizionale e non per abrogarlo, e del contatto tra la coppia rabbinica *le-vattel* / *le-qajjem*, e il paolino νόμον οὖν καταργοῦμεν (διὰ τῆς πίστεως; μὴ γένοιτο·) ἀλλὰ νόμον ἱστάνομεν, il contenzioso in atto tra gli esegeti a proposito di Rm 3,31 riceve un elemento di grande utilità. Infatti a tal proposito molti esegeti leggono dietro la coppia καταργοῦμεν / ἱστάνομεν il giudaico *le-vattel* / *le-qajjem*, ma senza legarlo alla dinamica di una GS e con argomenti che hanno dato adito alla loro contestazione da parte di R. W. THOMPSON, «The Alleged Rabbinic Background of Rom 3,21», *EThL* 63 (1987) 136-148. In particolare J. A. FITZMYER, *Romans* (ABC 33; New York 1993) 366-367, ritiene anacronistico il contatto dal momento che nulla documenterebbe che gli interpreti giudaici della legge mosaica al tempo di Paolo ricorressero ad una simile

- rimprovera in maniera implicita e sottile al suo interlocutore il fatto di non essere riuscito a cogliere il senso più autentico ed originario del νόμος[20].

---

distinzione. In realtà la coppia dialettica *le-vattel* / *le-qajjem* era tipica della terminologia esegetica in uso nel giudaismo del tempo, come testimoniato da Mt 5,17 (Μὴ νομίσητε ὅτι ἦλθον καταλῦσαι τὸν νόμον ἢ τοὺς προφήτας· οὐκ ἦλθον καταλῦσαι ἀλλὰ πληρῶσαι). La differenza con i due verbi utilizzati da Paolo (καταργοῦμεν / ἱστάνομεν) non deve far pensare ad altri retroterra culturali, dal momento che il verbo *le-qajjem* aveva una grande estensione, profondità e creatività tanto da poter essere tradotto "realizzare, mettere in pratica, dare fondamento". Qui la presenza della coppia verbale si pone in stretta relazione con la successiva GS, di cui anticipa il compito, che è quello di confermare un elemento tradizionale, quale la giustificazione per sola fede indipendentemente dalle opere della legge mosaica, senza entrare in un regime di confutazione della Legge medesima.

[20] Sui contatti tra Hillel e Paolo cf. J. JEREMIAS, «Paulus als Hillelit», *Neotestamentica et Semitica. Studies in honour of Matthew Black* (edd. E. E. ELLIS - M. WILCOX) (Edinburgh 1969) 88-94; K. HAACKER, «War Paulus Hillelit?», *Institutum Judaicum der Universität Tübingen* (1971/1972) 106-120; D. COHN-SHERBOK, «Paul and Rabbinic Exegesis», *SJT* (1982) 117-132.

CAPITOLO SECONDO

GS e quadri logico-formali

L'esempio di Hillel, pur nel suo indubbio interesse, non è tuttavia rappresentativo della complessità esegetica di una GS. In buona sostanza, infatti, la corrispondenza testuale è un ragionamento basato sulla giustapposizione di due passaggi anche lontani tra loro. Ma secondo quali direttrici si sviluppa il contatto, considerato che ogni analogia può essere originata da molteplici relazioni (contiguità, consequenzialità, causa-effetto, ecc.)? Attraverso quali modalità o regole due entità possono unirsi e magari in una maniera che sia imprescindibile? Esiste un primato, un rapporto di linearità gerarchica? Oppure bisogna pensare ad un legame di circolarità, dove i due elementi hanno non una sequenzialità, ma una struttura logica circolare e non lineare, non a retta ma a cerchio? Forse non c'è nessuna possibilità gerarchica.

Per rispondere a questi interrogativi è necessario seguire un lungo ed articolato percorso che mostri quanta varietà di punti di vista sia reperibile intorno alla metodica rabbinica della GS. Ragioni di chiarezza e di sistematicità didattica ci suggeriscono, come avviene in molti dei manuali di studio che ne trattano, di dividere la materia in quattro punti:

1. indagine sui quadri **logici** che soggiacciono all'analogia ermeneutica;
2. **chiarificazione terminologica** della espressione "*gezerah shawah*" in se stessa;
3. analisi delle **formule testuali** con cui i Rabbi introducono le oltre 600 GS attestate all'interno della loro letteratura;
4. **definizioni** di GS presenti in studiosi contemporanei di giudaistica.

1. La logica ana-logica

Le regole esegetiche giudaiche, in quanto pure tecniche di pensiero, non hanno di per sé una matrice religiosa, ma il loro primo terreno di impiego va ricercato in un ambito essenzialmente "laico". I ragionamenti analogici, infatti, per loro stessa natura appartengono al vasto campo dei procedimenti deduttivi, ragion per cui la loro origine non è affatto teologica, ma essenzialmente logico-conclusiva. L'ermeneutica biblica, però, se ne è servita in vista della ricerca giuridica, della fissazione del diritto post-sinaitico e più in generale dell'indagine midrashica, perché ha riconosciuto in tali procedimenti degli importanti strumenti di ausilio esegetico. In questo modo poi la sinagoga ha implicitamente dichiarato di non avere nulla in contrario rispetto ai quadri logici utilizzati in campo profano, anche se ha sentito al contempo il dovere di incanalarli all'interno di solchi ben precisi e chiari, quali quelli sanciti dalle *middoth*. Una ricognizione sull'impalcatura concettuale su cui si basano le regole rabbiniche diventa di conseguenza un elemento che si impone. A tutt'oggi, il contributo migliore in materia è ancora quello di Adolf Schwarz[1], a cui si possono aggiungere anche i nomi di Moses Mielziner[2] e di Marc-Alain Ouaknin[3]. Tutti e tre questi autori premettono alla trattazione sulla GS riflessioni sui quadri logico-formali all'interno dei quali da sempre si è mossa l'esegesi giudaica, dagli albori fino al Talmud, luogo della loro massima applicazione. Non resta, quindi, che seguirli.

1.1 *Livelli logici della GS*

La conclusione analogica viene innanzitutto considerata come una operazione basata su di un **nesso di consequenzialità e di circolarità**, che parte da un elemento unico e particolare per giungere ad un ulteriore elemento unico e particolare che è, però, in qualche misura, ordinato al primo. Una volta accostati l'uno accanto all'altro, i due termini vengono poi confrontati ad ampio raggio. L'interprete, a questo punto, deve soltanto allargare i collegamenti, sottolineando tutte le altre conformità possibili tra i due testi. Di conseguenza, l'analogia ottenuta per giustapposizione permetterà di poter assumere per un elemento ciò che già si conosce dell'altro. In senso lato, questo stesso procedimento, del tutto razionale, è adottato anche dalla moderna esegesi scientifica in riferimento ai passi paralleli.

La conclusione analogica si fonda, poi, sulla **probabilità** e questa sarà più forte o più debole proporzionalmente al grado di conformità tra le parti[4].

---

[1] Cf. A. SCHWARZ, *Die Hermeneutische Analogie in der Talmudischen Litteratur* (Wien 1897).

[2] Cf. M. MIELZINER, *Introduction to the Talmud* (New York ^{5}1968) 142-152.

[3] Cf. M.- A. OUAKNIN, *Le livre brûlé. Lire le Talmud* (Paris 1986) 121-147.

[4] SCHWARZ, *Hermeneutische Analogie*, 7, offre a proposito un bell'esempio tratto dalle conoscenze scientifiche del suo tempo, che riportiamo in nostra traduzione: "...è non assoluta-

CAP. II: QUADRI LOGICO–FORMALI

Presupposto indispensabile è, però, almeno la presenza di una somiglianza parziale tra qualche punto dei due termini. Solo così si può passare senza danno a veicolare tra loro elementi diversi e in partenza non comuni ad entrambe le espressioni in questione. Sebbene simili ragionamenti generalmente non forniscano certezze, ma al massimo solo alcuni gradi di probabilità, tuttavia il ricorso ad essi è assai diffuso nella letteratura intesa ad ampio raggio, e nell'esegesi giudaica di marca talmudica in particolare, dove anzi queste modalità trovano fertilissimo terreno.

Un esempio interessante di quanto la GS fosse ritenuta semplice probabilità, assai spesso inverificabile, compare in *bShab* 96b. In questo *midrash* haggadico, Aqiba collega per corrispondenza testuale:

Nm 15,32: "Mentre gli Israeliti erano **nel deserto**, trovarono un uomo che raccoglieva legna in giorno di sabato";

וַיִּהְיוּ בְנֵי־יִשְׂרָאֵל בַּמִּדְבָּר וַיִּמְצְאוּ אִישׁ מְקֹשֵׁשׁ עֵצִים בְּיוֹם הַשַּׁבָּת

Nm 27,3: "«Nostro padre è morto **nel deserto**. Egli non era nella compagnia di coloro che si adunarono contro il Signore, non era della gente di Core, ma è morto a causa del suo peccato, senza figli maschi»";

אָבִינוּ מֵת בַּמִּדְבָּר וְהוּא לֹא־הָיָה בְּתוֹךְ הָעֵדָה הַנּוֹעָדִים
עַל־יְהוָה בַּעֲדַת־קֹרַח כִּי־בְחֶטְאוֹ מֵת וּבָנִים לֹא־הָיוּ לוֹ

- In Nm 15,32 si narra di un uomo che fu giustiziato, su ordine esplicito di Dio, impartito in maniera apodittica a Mosè, poiché raccoglieva legna **nel deserto** (בַּמִּדְבָּר) in giorno di sabato.

- In Num 27,3 le figlie di Zelofcad reclamano una eredità, nonostante non abbiano fratelli maschi e il proprio padre sia ormai morto **nel deserto** (בַּמִּדְבָּר).

---

mente certo, ma altamente probabile che sul pianeta Marte sia presente vita organica; poiché se Marte similmente alla Terra ruota intorno al Sole, gira intorno al proprio asse da ovest ad est, è circondato da una atmosfera e mostra un cambiamento di stagioni, si può, in base al fondato presupposto di un legittimo nesso reale tra la Terra e Marte, legittimamente concludere che entrambi sono portatori di vita organica". Purtroppo le recenti scoperte non sono ancora riuscite a dimostrare pienamente la fondatezza di tale analogia.

Nel primo testo non si sa chi è l'uomo che raccoglie legna in giorno di sabato, mentre la comunità di Israele è nel deserto, e che in conseguenza di ciò conosce la morte, perché il testo non lo dice. Ma in Nm 27,3 ritorna la medesima indicazione a proposito di un uomo morto tempo prima e che ha lasciato problemi di eredità. Ora la menzione del deserto, comune ai due testi, suggerisce ad Aqiba la conclusione analogica: in entrambi i casi doveva trattarsi dello stesso personaggio.

Ma un altro Rabbi non concorda sull'identificazione di Zelofcad con il profanatore del sabato ed usa parole dure nel caso in cui la GS risultasse essere una forzatura. Ecco l'*haggadah*:

> Insegnavano i rabbanan: Il raccoglitore di legna era Zelofcad. E così dice [la Scrittura]: «Mentre gli israeliti erano **nel deserto**, trovarono un uomo che raccoglieva legna in giorno di sabato» (Nm 15,32). E dopo dice: «Nostro padre è morto **nel deserto**» (Nm 27,3). Come là era Zelofcad, qui pure è Zelofcad. Parole di Rabbi Aqiba. Disse [a Rabbi Aqiba] Rabbi Jehudah ben Batyra: Aqiba, se ciò sia così o no tu dovrai renderne conto. Se è così come tu dici – la *Torah* lo ha nascosto e tu lo hai scoperto. E se no, allora hai calunniato questo giusto.

Ma davvero il grande Aqiba era incorso in un simile rischio, esponendosi ad una giusta contestazione? In effetti la sua proposta, da un punto di vista logico, può prestare il fianco a facili obiezioni: la deduzione è solo probabile e per giunta non verificabile. Del resto l'espressione "nel deserto" ricorre 141 volte nella intera Bibbia ebraica e ben 60 all'interno della sola *Torah*, con la conseguenza che gli interscambi possono essere moltiplicati a piacimento di ogni singolo interprete e della sua volontà di far dire di tutto al testo biblico. I *rabbanan* avrebbero dunque ragione a mettere in guardia contro la pericolosità di un simile approccio.

Ma, se si approfondisce la questione, il modo di ragionare e di accostare testi da parte di Aqiba risulta tutt'altro che superficiale. Infatti questo grande Rabbi non si è fermato solo al reperimento di un banale contatto terminologico, che ha poi dilatato e sopravvalutato a dismisura, come potrebbe apparire a prima vista, ma si è al contrario mosso con grande intelligenza e competenza, pur senza averlo dichiarato in maniera esplicita. I due passi in questione, infatti, hanno in comune non solo la menzione del deserto, ma almeno altre **due situazioni analoghe**:

- in *entrambi i casi* ci si presenta davanti a Mosè, Aronne (che nel secondo episodio, successivo alla sua morte, è sostituito da suo figlio Eleazaro) ed alla comunità per chiedere una decisione:

CAP. II: QUADRI LOGICO–FORMALI   35

1. Nm 15,33: "Quelli che l'avevano trovato a raccogliere legna, lo condussero a Mosè, ad Aronne e a tutta la comunità";

2. Nm 27,1: "Le figlie di Zelofcad, figlio di Efer, figlio di Glaad, figlio di Machir, figlio di Manasse, delle famiglie di Manasse, figlio di Giuseppe, che si chiamavano Macla, Noa, Ogla, Milca e Tirza, si accostarono e si presentarono davanti a Mosè, davanti al sacerdote Eleazaro, davanti ai capi e a tutta la comunità all'ingresso della tenda del convegno";

- in *entrambi i casi* Mosè porta la causa davanti al Signore, che la risolve:

1. Nm 15,35: "Il Signore disse a Mosè: «Quell'uomo deve essere messo a morte; tutta la comunità lo lapiderà fuori dell'accampamento»";

2. Nm 27,5-7: "⁵Mosè portò la loro causa davanti al Signore. ⁶Il Signore disse a Mosè: ⁷«Le figlie di Zelofcad dicono bene. Darai loro in eredità un possedimento tra i fratelli del loro padre e farai passare ad esse l'eredità del loro padre»".

Come si può ben vedere, oltre al semplice contatto terminologico, Aqiba ha considerato anzitutto l'analogia situazionale: i due versetti possono essere accostati perché la corrispondenza testuale abita all'interno di una serie di circostanze simili, tale da inquadrare l'interpretazione all'interno di un argine assai più preciso. Particolare, questo, di non poco conto, poiché si rivela decisivo ai fini dell'imbastimento di una buona GS.

Infine, va anche sottolineato come all'analogia spetti il ruolo di ***extrema ratio***, dal momento che i Rabbi vi ricorrono solo quando tutti gli altri mezzi argomentativi si sono rivelati inadeguati. Già l'esempio paradigmatico di Hillel poneva il ricorso alla GS in terza ed ultima battuta: solo dopo aver fallito con l'*heqqesh* e il *qal wa-ḥomer* ci si può orientare verso una corrispondenza testuale.

1.2 Campi di applicazione della logica ana-logica

Il terreno preferito su cui si muove la GS sono le discussioni relative a quelle problematiche la cui soluzione presenta grosse difficoltà a motivo del mancato dispiegamento di importanti termini in questione. In questo ambito la corrispondenza testuale ha il grande merito di saper introdurre elementi conosciuti all'interno di tematiche parzialmente ignote, in virtù della sua capacità intrinseca di reperire requisiti presenti nel già conosciuto e di trasportarli verso possibilità ermeneutiche future ed ulteriori. A questo livello l'analogia si presenta come un ponte di raccordo tra pagine lontane, tra concetti diversi, tra episodi che all'apparenza non hanno nulla in comune, in una sola parola tra l'antico e il nuovo, nella misura in cui ciò su cui si indaga nel presente ha avuto già una risposta nel passato. Bisogna solo saperla cercare nel modo giusto e a costo di una indagine lunga, faticosa, per nulla scontata, dagli esiti talvolta sorprendenti.

La letteratura talmudica, dunque, con i suoi vasti spazi, è il luogo in cui sono confluite la maggior parte delle ricerche condotte per mezzo di una GS. Qui la conclusione analogica gioca un ruolo di primo piano

- tanto nelle parti **haggadiche**
- che in quelle **halakiche**.

Il suo campo d'azione, infatti, spazia dalla semplice riflessione biblica, tipica degli ambienti scolastico-sinagogali, alla creazione di nuove *halakot*, opera questa del solo Sinedrio. L'unica differenza tra questi due approcci sembra legata al fatto che i criteri di imbastimento di una GS appaiono più rigorosi nelle sezioni legali, meno in quelle narrative.

1.2.1 GS e *haggadah*

Le deduzioni haggadiche, tipiche delle spiegazioni omiletiche di passaggi storici e morali della Scrittura, sono in genere meno attente alle esigenze di esattezza formale dell'analogia. Infatti esse tendono per lo più all'evidenziazione di legami non direttamente esplicitati all'interno dei racconti biblici e si servono della GS per la sua singolare capacità di stabilire nessi tra personaggi e vicende bibliche altrimenti non collegabili. Del resto questo fenomeno è ricorrente in tutti i generi omiletici, dove un contatto anche solo marginale tra due elementi tra loro distanti permette al predicatore una serie di variazioni sul tema diversamente impensabili. A questo livello l'ascoltatore non si preoccupa molto della liceità degli accostamenti perché l'intenzione dell'omelia non è principalmente la dimostrazione di una verità logica quanto il solleticare alcune corde che favoriscano l'adesione al contenuto del testo. Di conseguenza l'analogia viene qui piegata alle esigenze della predicazione, nella misura in cui questa chiede imitazione, condotta morale, riflessione o anche quella semplice contemplazione del bello che caratterizza da sempre l'agiografia.

1.2.1.1 Connessioni midrashiche tra Giosuè e Mosè

Un bell'esempio di modalità haggadica è il *midrash* su Giosuè così come contenuto in *bTaan* 20a. Il *darshan* imbastisce la sua GS sfruttando un piccolissimo nesso tra:

- Dt 2,25: "Oggi stesso comincerò a incutere paura e terrore di te ai popoli che sono sotto tutto il cielo, cosicché, all'udire la tua fama, tremeranno e saranno presi da spavento dinanzi a te";

הַיּוֹם הַזֶּה אָחֵל תֵּת פַּחְדְּךָ וְיִרְאָתְךָ עַל־פְּנֵי הָעַמִּים תַּחַת כָּל־הַשָּׁמָיִם אֲשֶׁר יִשְׁמְעוּן שִׁמְעֲךָ וְרָגְזוּ וְחָלוּ מִפָּנֶיךָ

- Gs 3,7: "E disse il Signore a Giosuè: «Oggi stesso comincerò a glorificarti agli occhi di tutto Israele, perché sappiano che come sono stato con Mosè, così sarò con te»";

וַיֹּאמֶר יְהוָה אֶל־יְהוֹשֻׁעַ הַיּוֹם הַזֶּה אָחֵל גַּדֶּלְךָ בְּעֵינֵי כָּל־יִשְׂרָאֵל אֲשֶׁר יֵדְעוּן כִּי כַּאֲשֶׁר הָיִיתִי עִם־מֹשֶׁה אֶהְיֶה עִמָּךְ

Come si può facilmente vedere i due testi hanno in comune l'*incipit* della frase (הַיּוֹם הַזֶּה אָחֵל). Sulla base di questo semplice contatto l'omileta ne deduce una analogia totale tra i due personaggi, con la conseguenza che può passare poi a comparare tra loro quasi tutte le caratteristiche e le vicende di Mosè e di Giosuè. Ancora una volta, però, non bisogna sorridere di fronte all'apparente illogicità del provvedimento. Infatti a ben vedere la GS di *bTaan* 20a è a dir poco ottima, in quanto il verbo "cominciare" compare solo tre volte nella Bibbia ebraica, oltre che in Dt 2,25 e Gs 3,7 anche in Ez 39,7. Ma in quest'ultimo caso il contatto è veramente labile:

Ez 39,7: "Farò conoscere il mio nome santo in mezzo al mio popolo Israele, e non permetterò che il mio santo nome sia profanato; le genti sapranno che io sono il Signore, santo in Israele";

וְאֶת־שֵׁם קָדְשִׁי אוֹדִיעַ בְּתוֹךְ עַמִּי יִשְׂרָאֵל וְלֹא־אַחֵל אֶת־שֵׁם־קָדְשִׁי עוֹד וְיָדְעוּ הַגּוֹיִם כִּי־אֲנִי יְהוָה קָדוֹשׁ בְּיִשְׂרָאֵל

È evidente che in Ez 39,7 già il significato del verbo è diverso. Ma, particolare ancora più interessante, la serie semantica in cui compare חלל non corrisponde affatto ai due casi precedenti: non c'è menzione di הַיּוֹם הַזֶּה ed il verbo è in formulazione negativa (וְלֹא־אָחֵל). Di conseguenza i soli due passaggi in cui il termine occorre davvero, ai fini dell'imbastimento di una GS, si restringono dasticamente a Dt 2,25 e Gs 3,7, che è poi anche la migliore possibilità di inferenza analogica: quel che è detto due volte (δὶς λεγόμενα). Inoltre, altro particolare di non poco conto, la comparazione tra Mosè e Giosuè è altresì suggerita dalla stessa parola di Dio in Gs 3,7:

«perché sappiano che <u>come</u> sono stato con Mosè, <u>così</u> sarò con te».

Ovviamente l'allargamento midrashico del confronto tra i due personaggi a tutto l'arco delle loro vite, delle loro vicende e della loro stessa personalità va oltre i quadri dell'inferenza, ma il procedimento, una volta avviato, cade nelle mani dell'omileta che ne tira fuori una bellissima *haggadah*, in cui Giosuè appare davvero come il Mosè redivivo, che continua la sua presenza in mezzo al popolo di Israele attraverso l'opera e la persona del suo successore.

1.2.2 GS e *halakah*

In campo legale, invece, l'analogia presta il suo servizio soprattutto in riferimento all'interpretazione del diritto sinaitico, in vista della fissazione di nuove *halakot*. A tale scopo essa appare come un prezioso strumento di riflessione intorno a questioni legali di difficile soluzione e come un foro la cui qualità è addirittura corrispondente a quello della stessa Legge. Quanto viene raggiunto tramite conclusione analogica è per questo stesso fatto *halakah* e con ciò norma obbligante[5]. Del resto nella creazione di nuova giurisprudenza, l'analogia aiuta a determinare espressioni ambigue, a supplire ad elementi difettivi di una norma attraverso il riferimento ad altri luoghi capaci di fornire indicazioni più precise, a decidere sulla casistica non direttamente espressa nella *Torah*[6]. A differenza della cultura legale greco-ellenistica, però, quella

---

[5] Sull'utilizzo della GS in campo halakico cf. Y. ELON, *Jewish Law*, I (Philadelphia 1994) 351-355.

[6] In maniera interessante, MIELZINER, *Introduction to the Talmud*, 143-144, cita due opere giuridiche a noi contemporanee che testimoniano come il ragionamento analogico sia ammesso, secondo vari gredienti, ancora oggi, nell'interpretazione legale di statuti e documenti, e che riportiamo in nostra traduzione:
1. F. LIEBER, *Legal and Political Hermeneutics*, 91: "...una delle regole principali nell'accertare il significato di una parola dubbia è cercare innanzitutto il significato nei paralleli, cioè in altri passaggi dello stesso testo in cui ricorre la parola ambigua, usata in modo tale da non lasciare dubbi".
2. *Broom's Legal Maxims*, 586: "Dove un atto di parlamento ha ricevuto una costruzione giudiziaria che dà un certo significato alle sue parole e la legislatura in un successivo atto di

giudaica conserva una peculiarità che le è propria. Essa, infatti, non contempla la deduzione di nuove norme soltanto a partire da analogie reali, ma ammette anche la possibilità di inferire quadri giuridici da analogie esclusivamente formali, come accade nel caso della GS. Del resto, la corrispondenza testuale non richiede affatto che le leggi confrontate siano della stessa natura, con somiglianze forti in aspetti concreti ed in relazioni fondamentali. In generale è sufficiente che il contatto verta su elementi minimi e formali, come possono essere parole comuni o espressioni simili. Addirittura non è sempre richiesto che gli stessi termini che formano la base per una GS siano esattamente identici. Questo era vero soprattutto nel *midrash* haggadico, dove la validità formale di una inferenza non richiedeva rigore assoluto. Ma lo stesso capita in ambito halakico, allorquando, per stabilire nuove norme, si utilizzano brani che hanno in comune parole diverse, anche se almeno simili nel significato.

1.2.2.1 Le macchie di lebbra nelle case

Un bell'esempio di questa modalità compare nella *Sifra* CLVIII:I. 3[A-L] (ed. J. NEUSNER, II, 363). Senza entrare nel merito della disputa legale soggiacente, relativa alla presenza di macchie di lebbra nelle case, si osservi soltanto come venga stabilito un contatto tra:

- Lv 14,39: "Il settimo giorno <u>il sacerdote vi tornerà</u> e se, esaminandola, riscontrerà che la macchia si è allargata sulle pareti della casa...";

וְשָׁב הַכֹּהֵן בַּיּוֹם הַשְּׁבִיעִי וְרָאָה וְהִנֵּה פָּשָׂה הַנֶּגַע בְּקִירֹת הַבָּיִת

- Lv 14,44: "...<u>il sacerdote entrerà</u> ad esaminare la casa; trovato che la macchia vi si è allargata, nella casa vi è lebbra maligna; la casa è immonda";

וּבָא הַכֹּהֵן וְרָאָה וְהִנֵּה פָּשָׂה הַנֶּגַע בַּבַּיִת צָרַעַת מַמְאֶרֶת הִוא בַּבַּיִת טָמֵא הוּא

---

pari materia usa le stesse parole, c'è una presunzione che la legislatura abbia usato i termini intendendo esprimere il significato che essa conosceva essere stato messo sui termini precedenti, e se non c'è qualcosa di ragionevole per rinnegare quella presunzione l'atto risulta così costruito, anche se le parole fossero tali da poter essere state costruite diversamente in origine".

Come si vede quest'ultimo passaggio è in particolare sintonia con la GS rabbinica.

A livello giuridico si devono stabilire alcune questioni inerenti alla prima e alla seconda ispezione della casa da parte del sacerdote di turno, laddove siano state riscontrate macchie di lebbra maligna tali da minacciare la salute degli inquilini. Per poter legittimare le inferenze che legano tra loro le due situazioni, Sifra parte dal nesso che lega tra loro le espressioni "il sacerdote ritornerà" (Lv 14,39: וְשָׁב הַכֹּהֵן) e "il sacerdote verrà" (Lv 14,44: וּבָא הַכֹּהֵן), in considerazione del fatto che il verbo tornare è quasi identico al verbo venire, visto che significa "venire di nuovo". Poco importa, in questo caso, se l'impressione che se ne ricava è quella della forzatura, come già in ambito haggadico. L'importante è che la norma giuridica sia stata ottenuta. In genere, comunque, l'*halakah* è di gran lunga più rigorosa.

1.3 *Quale logica dietro la GS?*

Con l'ultimo esempio sopra riportato non si deve, però, pensare che la giurisprudenza giudaica sia il regno della pura illogicità e della vuota fantasia. Al contrario, occorre tenere ben presente come la fonte del diritto halakico non sia un codice di procedure giuridiche, in cui rieccheggiano freddi gli articoli amministrativi e penali, con il loro carico di sanzioni, ma la Bibbia stessa, con la sua carica di vita e di storia, di fede e di memoria. Di conseguenza anche se il modo di procedere della logica rabbinico-talmudica in territorio haggadico e halakico può apparire per noi strano, in realtà il principio teologico-razionale a cui essa soggiace è ineccepibile: tutta la Scrittura è attraversata dallo stesso Spirito in ogni parte, anche la più piccola e insignificante. In tal senso la Bibbia rivendica la sua unitarietà, il suo essere un libro che è unico, come unico è Colui che ad essa ha sovrainteso nel corso della multiforme storia. All'interprete umano che abita una porzione di tempo limitato spetta poi il compito di scoprire l'armonia che lega tra loro pagine solo apparentemente lontane. A volte questa indagine sarà caratterizzata da polemiche, controversie, confronti dialettici serrati[7]. Nella ricerca del senso globale, però, molti testi potranno dialogare tra loro, allo scopo di ricavare e trasferire informazioni su aspetti, sì comuni, ma a prima vista assolutamente non ovvii. Così facendo, ogni segno linguistico presente nella Scrittura viene ritenuto non semplice frutto del caso, ma di una intenzionalità chiara che chiede solo di essere sviscerata.

---

[7] A riguardo LIEBERMAN, *Hellenism in Jewish Palestine*, 59, ritiene la GS il principale strumento ermeneutico in uso tra i giudei per la risoluzione di conflitti legali, teologici ed esegetici.

CAP. II: QUADRI LOGICO–FORMALI

La validità di una simile metodica non viene comunque mai lasciata al caso o al semplice estro del giurista di turno o del singolo maestro haggadico, ma dipende sempre da due fattori estremamente circostanziati:

1. innanzitutto, a livello previo, è necessario in linea di massima che la parola comune soddisfi alcune condizioni che diverranno, con il passare del tempo, sempre più rigorose; solo dopo aver garantito la validità formale dell'analogia, la GS può percorrere il suo lungo iter interpretativo;

2. in secondo luogo, come prova del nove, è importante la natura della conclusione: questa è accettata se a contatti formali esterni corrispondono anche relazioni strutturali interne assai solide; decisivo, in tal senso, è che le situazioni comuni ai due testi risultino collegabili a livelli multipli: solo da situazioni simili si può, infatti, pervenire a conclusioni analoghe.

Se queste due condizioni limitative non si verificano insieme o si verificano in parte, l'analogia è a rischio di demolizione sistematica da parte di chiunque ponga mano a svelarne gli elementi di tensione. Di conseguenza la validità del ragionamento è direttamente proporzionale al suo rigore formale e alla sua consistenza strutturale.

A questo orizzonte concettuale si possono ovviamente contrapporre una infinità di domande e di obiezioni. Che peso dare ad una procedura così articolata? È stato veramente lo Spirito di Dio a prevedere tutte le possibili GS, al fine di favorire l'esegesi haggadica e halakica dei posteri? Non ci sarebbe forse il rischio di manipolare la Scrittura, piegandola di volta in volta alle necessità e alle esigenze dei Rabbi?

Una considerazione, a questo punto, si impone. Le regole ermeneutiche utilizzate in seno all'ermeneutica giudaica furono approvate da autorità esegetiche di prima grandezza e di assoluto prestigio, di fronte al cui credito qualsiasi obiezione veniva meno. In tal senso gli stessi nomi di Hillel, Ismael ed Eliezer costituivano la migliore garanzia, dal momento che furono proprio i padri dell'ermeneutica ebraica a dare forma ed ordine alle numerosissime *middoth* allora in circolazione, fissando una volta per tutte gli argini all'interno dei quali poter condurre una esegesi biblica validamente fondata. Quanto, poi, la loro opera sia stata unanimemente riconosciuta e celebrata, risulta anche dall'introduzione dell'elenco di Ismael addirittura all'interno del libro di preghiera in uso tra i giudei[8]. Accanto agli inni e alle benedizioni, il pio israelita era solito ripetere, periodicamente e in un contesto orante, le 13 regole fondamentali dell'interpretazione scritturistica. Oltre ogni nota di merito logico, quindi, la GS era percepita come una operazione esegetica non solo permessa o consentita, ma addirittura dotata di una sacralità intrinseca.

2. Chiarificazione terminologica

Ma cosa significa materialmente l'espressione גזירה שוה? Cosa indica con precisione il "titolo" stesso dato alla regola? È possibile che già nel nome della *middah* hillelita si nascondano importanti precisazioni metodologiche? Domande queste non oziose, se si considera l'interessantissimo dibattito a cui esse hanno dato corso.

2.1 *L'ipotesi di Bacher*

Per quanto riguarda la chiarificazione terminologica del vocabolario rabbinico, a tutt'oggi, non si può prescindere dai contributi di Wilhelm Bacher, che rimane l'autorità più alta in materia[9]. A riguardo, egli ritiene che il significato della controversa espressione גזירה שוה possa essere rettamente inteso solo in virtù di una considerazione di carattere filologico. A partire dalla scuola di Aqiba, infatti, il sostantivo גזירה fu utilizzato come sinonimo di חובה (Verpflichtung = obbligo personale). Questi due termini, poi, venivano generalmente contrapposti al sostantivo רשות (freiwillige Handlung = azione spontanea). Inoltre i due antonimi comparivano in contesti di disputa interpretativa: רשות per indicare una posizione libera, גזירה un canone vincolante. Ciò significa che il termine גזירה può essere inteso in un solo modo possibile: ***gleiche Satzung, gleiche Verordnung*** (= stesso regolamento, stessa prescrizione). Vale a dire che la presenza di uno statuto identico produce, per analogia, una prescrizione identica nel caso di situazioni simili.

Ma come spiegare il difficile aggettivo שוה, sulla cui traduzione si era ben lungi da un accordo unanime? Per rispondere a questa domanda Bacher ricorre a SifDt su Dt 32,50 (ed. R. HAMMER, 347-348), testo in cui גזירה e שוה compaiono uno accanto all'altro in un testo chiave. Dio parla qui due volte, la prima a Mosè e la seconda all'angelo di servizio, dicendo che la morte nasce da un suo ordine indistinto (= stesso regolamento) ed ha, perciò, la stessa

---

[8] Cf. STRACK, *Einleitung in Talmud*, 99-100.
[9] Cf. W. BACHER, *Die Exegetische Terminologie der Jüdischen Traditionsliteratur*, I. (Leipzig 1899) 13-16.

validità per ogni uomo (= stessa prescrizione): גזרה היא מלפני שוה בכל אדם.
Ne consegue che l'aggettivo שוה precisa la quantità dei confronti in gioco nel momento in cui si utilizzano le procedure analogiche: *due leggi bibliche, accomunate dalla presenza di uno stesso regolamento interno, prevedono anche lo stesso decreto applicativo finale*[10].

2.2 *L'ipotesi di Lieberman*

L'analisi filologica condotta da Bacher non è stata però condivisa pienamente da Lieberman. E per alcuni fondamentali aspetti con ragion veduta. Infatti, se sul termine גזירה non ci sono difficoltà, visto che significa inequivocabilmente "decisione, decreto" (dal verbo גזר = tagliare; in latino *decidere*, in greco κρίνειν), lo stesso non può essere detto a proposito dell'aggettivo שוה, come notato sopra. A riguardo Lieberman, facendo leva sul contatto tra il rabbinico גזר e il greco κρίνειν, ha avanzato l'ipotesi che nella difficile locuzione גזירה שוה vi sia un riferimento esplicito alla σύγκρισις greca (che va intesa appunto come decisione, *decretum*) ed in particolare alla σύγκρισις πρὸς ἴσον (גזירה שוה = σύγκρισις πρὸς ἴσον = una comparazione con il simile)[11]. Di conseguenza l'aggettivo שוה non significa affatto "medesimo, identico" (nel qual caso, inoltre, in buona terminologia rabbinica si sarebbe dovuto usare un più calzante אחת), ma "simile".

La differenza con Bacher, a ben vedere, non è di poco conto, anzi è di una importanza a dir poco fondamentale e decisiva: *il risultato di una GS è che la stessa legge può essere applicata a due situazioni non identiche, ma soltanto simili e aventi, quindi, anche tratti di differenza*[12]. Di conseguenza il terreno su cui è possibile imbastire procedimenti analogici diventa primariamente non

---

[10] L'insistenza sulla categoria "stesso, identico, uguale" aveva già caratterizzato, un'anno prima di Bacher, la traduzione offerta da L. BLAU, rec. di A. SCHWARZ, *Die Hermeneutische Analogie in der Talmudischen Litteratur* (Wien 1897), *REJ* 36 (1898) 152-153, che rendeva l'espressione גזירה שוה con "la stessa decisione, la stessa legge".

[11] A supporto della sua teoria LIEBERMAN, *Hellenism in Jewish Palestine*, 59, cita tre tra i maggiori retori ellenistici:
- Aftonio: "*Synkrisis* è un termine comparativo che per giustapposizione mette di fronte il più grande o il simile con la cosa comparata";
- Giovanni Sardiano: "Noi usiamo *synkrisis* (comparazione) in un triplice modo: il simile con il simile, il più piccolo con il più grande e il più grande con il più piccolo";
- Ermogene, infine, parla esplicitamente di κατὰ τὸ ἴσον σύγκρισις ovvero "*synkrisis* con il simile".

[12] Cf. LIEBERMAN, *Hellenism in Jewish Palestine*, 58, n. 87. La stessa caratteristica si legge in Lv 7,7: "Il sacrificio di riparazione è come il sacrificio espiatorio; la stessa legge vale per ambedue...".

quello caratterizzato dalla semplice uguaglianza, ma anche e soprattutto quello che inerisce situazioni soltanto simili e con tratti cospicui di difformità. Ciò rende il campo di azione di ogni GS decisamente più vasto, poiché i casi in cui le circostanze si riproducono esattamente allo stesso modo sono estremamente rari, se non addirittura nulli. Al contrario il confronto tra quel che è soltanto simile e con la compresenza di elementi difformi offre materiale interessante per ordini di ragionamento che siano deduttivi a partire dall'analogo.

2.3 Una distinzione fondamentale

Al di là delle critiche che sono state mosse in sede metodologica all'ipotesi di una dipendenza dell'ermeneutica giudaica da quella ellenistica[13], la proposta filologica di Lieberman ha il grande merito di porre una distinzione fondamentale. La GS, infatti, non si muove nella direzione di ciò che è perfettamente identico, ma di quanto, invece, può essere correttamente giustapposto. Alla regola hillelita va riconosciuto, dunque, lo statuto di vera analogia, cioè di comparazione tra simili[14]. Personalmente ritengo che *parlare di uguaglianza significhi sovrapporre gli elementi in una perfetta identificazione, dire che sono la stessa cosa l'uno nell'altro*[15]. Gli oltre 600 esempi di

---

[13] Cf. ZEITLIN, «Hillel and the Hermeneutic Rules», 166. A dire il vero LIEBERMAN, *Hellenism in Jewish Palestine*, 54-61, nonostante la sua proposta filologica, si è sempre mostrato prudente sull'ipotesi di un prestito diretto dai greci dei principi ermeneutici giudaici, ritenendo che questo non possa essere né affermato né negato. Il primo grande assertore di un contatto tra le regole rabbiniche e le tecniche retoriche ellenistiche è stato, invece, D. DAUBE, «Rabbinic Methods of Interpretation and Hellenic Rhetoric», *HUCA* 22 (1949), 239-264.

[14] A tal proposito LIEBERMAN, *Hellenism in Jewish Palestine*, 60, fa notare come anche Paolo fosse a conoscenza della terminologia legale in uso nelle scuole giudaiche, secondo cui si poteva applicare la σύγκρισις solo a categorie simili. Egli, infatti, in 1Cor 2,13 (πνευματικοῖς πνευματικὰ συγκρίνοντες = comparando cose spirituali a cose spirituali) ricorre a questa accezione dell'analogia quale comparazione tra simili.

[15] Tale fondamentale sottolineatura sfugge totalmente all'analisi della GS in quasi tutti i contributi che ne parlano e la sua acquisizione da parte degli esegeti è ancora da venire. In maniera emblematica si può notare, ad esempio, come l'errore ritorni in maniera pressoché costante in molti degli interpreti che analizzano la GS imbastita da Paolo in Rm 4,3-8 e che sarà da noi analizzata più avanti; così J. LAMBRECHT, « "Abraham, notre Père à tous". La figure d'Abraham dans les écrits pauliniens », *Pauline Studies*, Peeters, Leuven 1994, 8: "Justification et remise des péchés sont ici la même chose"; K. HAACKER, «Justification, salut et foi. Étude sur les rapports entre Paul, Jacques et Pierre», *ETR* 73 (1998/2) 185 : "Pour Paul et ses contemporains, cela permet de conclure que justification et rémission des péchés sont une seule et même chose" ; A. GIENIUSZ, « "Identity Markers" o "Solus Christus". Quale posta in gioco nella dottrina della giustificazione per fede in Paolo?», *ED* 53 (2000/III) 22 : "...in Rm 4,3-8...l'Apostolo, grazie alla tecnica della gezera shavah, mostra l'uguaglianza della situazione di Abramo incirconciso e del peccatore circonciso del Sal 32,1-2..." (le sottolineature sono

CAP. II: QUADRI LOGICO–FORMALI

GS a noi pervenuti mostrano, invece, come *la logica soggiacente non sia mai quella della "medesimità", ma piuttosto della "similarità"*. Questa precisazione è metodologicamente fondamentale perché indica la direzione della ricerca. *Il legame tra le parti non richiede uguaglianza, ma analogia. Di conseguenza non vanno individuati in primis rapporti di identità, bensì di vicinanza, contiguità, consequenzialità, causalità ecc.* Su questi ultimi occorrerà riflettere maggiormente.

3. GS e cornice formale

Nonostante la grande importanza attribuita alla GS in seno all'ermeneutica giudaica, ai fini di una sua precisa e rapida identificazione non sono di grande aiuto quelle formule tecniche introduttive che sovente accompagnano le procedure esegetiche. Non siamo cioè di fronte al caso del *qal wa-ḥomer*, sulla cui individuazione formale non ci sono difficoltà di sorta, in virtù della presenza del noto "quanto più". Probabilmente la latitanza di elementi stilistici convenzionali è dovuta al fatto che ascoltatori avvezzi ad un simile accostamento di testi non facevano nessuna fatica a riconoscere immediatamente una GS. Non stupisce, allora, il fatto che, tanto nella Bibbia quanto nel *midrash*, ci si possa imbattere in conclusioni analogiche, quasi mai preannunciate a livello formale.

3.1 *Cornice chiara*

Oltre al succitato esempio di Hillel, dove la procedura è fin dall'inizio accreditata come GS ("Per *gezerah shawa*: del sacrificio perpetuo si dice *nel suo tempo* e del sacrificio pasquale si dice *nel suo tempo*"), uno dei pochi altri casi è rappresentato da *mAr* 4,4. Qui, subito dopo la menzione dei due versetti imparentati

- Lv 27,3: "…la tua stima sarà: per un maschio dai venti ai sessant'anni, cinquanta sicli d'argento, secondo il siclo del santuario";

וְהָיָה עֶרְכְּךָ הַזָּכָר מִבֶּן עֶשְׂרִים שָׁנָה וְעַד בֶּן־שִׁשִּׁים שָׁנָה
וְהָיָה עֶרְכְּךָ חֲמִשִּׁים שֶׁקֶל כֶּסֶף בְּשֶׁקֶל הַקֹּדֶשׁ

---

nostre). In realtà nella GS non è mai questione di uguaglianza, bensì di analogia, nella misura in cui è pienamente lecita la compresenza di elementi dissimili.

- Lv 27,5: "Dai cinque ai venti <u>anni</u>, <u>la tua stima sarà</u> di venti sicli per un maschio e di dieci sicli per una femmina";

וְאִם מִבֶּן־חָמֵשׁ שָׁנִים וְעַד בֶּן־עֶשְׂרִים שָׁנָה וְהָיָה עֶרְכְּךָ
הַזָּכָר עֶשְׂרִים שְׁקָלִים וְלַנְּקֵבָה עֲשֶׂרֶת שְׁקָלִים

viene messa in risalto per due volte la parola comune ai due passi (שָׁנָה) con l'aggiunta dell'espressione tecnica גזירה שוה + ל. Il risultato è una sorta di ritornello sonoro: שנה שנה לגזירה שוה. Soltanto a questo punto compare l'applicazione legale ottenuta dal confronto tra i due testi[16].

3.2 Cornice blanda

Al di fuori di questi casi emblematici, ma anche sporadici, di solito le analogie inferenziali sono accompagnate da una cornice formale assai blanda. Questa è generalmente composta da due parti: la prima introduce i testi citati; la seconda, invece, precede immediatamente l'applicazione della conclusione analogica. Grosso modo la cornice recita così:

"Qui è detto … lì è detto …; come qui…così lì…"

נאמר כאן...ונאמר להלן... מה להלן...אף כאן...

oppure in una variante un po' più articolata:

"Qui è detto (x) … lì è detto (x) …;
come (x) si dice qui (y) così (x) si dice lì (y)"

נאמר כאן...ונאמר להלן... מה...האמור להלן...אף...האמור כאן...

Questa seconda tipologia formale è quella che compare nell'esempio di Hillel:

"**Qui è detto** «nel suo tempo» **lì è detto** «nel suo tempo»;
come «il suo tempo» **è detto qui** che respinge il sabato,
così «il suo tempo» **è detto lì** che respinge il sabato";

---

[16] Secondo BACHER, *Exegetische Terminologie*, 14, l'esempio di *mAr* 4,4 è di importanza estrema. Esso, infatti, evidenzia tanto l'antichità dell'espressione גזירה שוה, quanto il suo utilizzo come termine stabile. Quanto alla locuzione ל + גזירה שוה valeva come formula brachilogica per גזירה שוה לדון o, in maniera ancor più completa, per לדון דין גזירה שוה. Il verbo דון indicava, in tale contesto, l'operazione esegetica del concludere in base alle regole ermeneutiche.

CAP. II: QUADRI LOGICO–FORMALI

נאמר כאן במועדו ונאמר להלן במועדו
מה מועדו האמור להלן דוחה את השבת
אף מועדו האמור כאן דוחה את השבת

3.3 *Assenza di cornice*

Oltre a queste due tipologie, ben attestate in ambito halakico, si trovano anche GS senza quadro formale. Ciò avviene, però, principalmente nell'*haggadah*. Qui, infatti, la GS è spesso taciuta. Altre volte, invece, l'inferenza è svelata soltanto alla fine del suo percorso attraverso la formula:

אתיא־מ־--- (= che è derivato da) + i due termini su cui si basa l'analogia.

4. Definizioni di GS

L'indagine fin qui condotta ha già evidenziato a più livelli un dato costante: la GS conosce molteplici ambiti di complessità. Questa prima sensazione, però, emerge in tutta la sua forza se si passano in rassegna le variegate definizioni con cui gli specialisti della materia tentano di circoscriverla. A riguardo risulta lampante come la GS faccia fatica a stare all'interno di un argine ben delimitato. Sicuramente l'inferenza analogica è un principio di dialogo interno tra testi lontani. Ma qual è la sua caratteristica specifica? Quali le sue peculiarità?

4.1 *Definizioni basate sull'isorrema*

Molti autori si accontentano di offrire definizioni assai larghe, limitandosi a sottolineare quegli aspetti che sono maggiormente legati alla presenza dell'**isorrema** (= stessa parola):

- così Chajes, in maniera però imprecisa, parla di "one of the principal exegetical rules of interpretation, based mostly on the noting of identical words or parallel passages"[17];
- Silberman si limita a "verbal analogy"[18];
- meglio Jeremias e la sua "der Analogieschluß auf grund gleichlautender Worte"[19];

---

17 Cf. Z. C. CHAJES, *The Student's Guide through the Talmud* (New York ²1960) 9, n. 3.
18 Cf. L. H. SILBERMAN, «Paul's Midrash: Reflections on Romans 4», *Faith and History. Essays in Honour of P. W. Meyer* (edd. J. T. CARROLL - C. H. COSGROVE - E. E. JOHNSON) (Atlanta 1990) 103.
19 Cf. JEREMIAS, «Paulus als Hillelit», 92.

- Moses Mielziner afferma che il termine גזירה שוה, letteralmente "a similar section (part) or a similar decision (decree)", denota, all'interno della fraseologia talmudica, "an *analogy of expressions*, that is, an analogy based on identical or similar words occurring in two different passages of Scripture"[20];
- dello stesso tenore è Fishbane con la sua "analogy based on linguistic similarities"[21];
- Kasher, invece, oscilla tra "comparison of equals" ed "an inference from analogy of expressions"[22];
- Lenhardt opta per "corrispondenza testuale"[23].

4.2 *Definizioni basate sulle circostanze*

Per altri ciò che definisce la GS è fondamentalmente il confronto tra **circostanze simili**, di cui l'isorrema è un tratto indispensabile, ma assolutamente non primario. Quel che conta, infatti, in ultima analisi, sono le situazioni e le vicende confrontate, rispetto a cui i vocaboli comuni sono soltanto trampolino di lancio e certificato di garanzia per la validità dell'analogia:

- così Ellis parte dalla definizione base di GS come "inferenza da vocaboli simili" per poi concludere con un più elaborato "norma equivalente, inferenza tratta da una situazione simile (parole ed espressioni) nella Scrittura"[24].

4.3 *Definizioni basate sull'aspetto legale*

Alcuni insistono maggiormente sull'**aspetto legale**:

- in tal senso Bonsirven definisce la GS "décision égal" intesa innanzitutto come sentenza giudiziaria[25], con la conseguenza che è inutile distin-

---

[20] Cf. MIELZINER, *Introduction to the Talmud*, 143.
[21] Cf. M. FISHBANE, *Biblical Interpretation in Ancient Israel* (Oxford 1985)157, n. 36. Opera questa, fondamentale, in cui si mostra in maniera chiara e circostanziata come l'utilizzo della GS sia già attestato all'interno dell'AT.
[22] Cf. KASHER, «The Interpretation of Scripture», 576.584.
[23] Cf. AVRIL - LENHARDT, *La lettura ebraica*, 76-77.
[24] Cf. ELLIS, *L'Antico Testamento*, 120.170.
[25] Cf. J. BONSIRVEN, *Exégèse Rabbinique et Exégèse Paulinienne* (Paris 1939) 90.

guere tra analogia esegetica ed analogia giuridica, poiché in entrambi i casi ci si fonda su termini biblici per supplire al deficit legislativo di un passaggio;

- Jastrow opta per "an analogy between two laws established on the basis of verbal congruities in the texts"[26];
- similmente Patte parla di "analogy of words in two laws"[27];
- Zeitlin di "inference by analogy of equal laws"[28];
- Towner di "inference by comparison…based on the assumption that the similarity of expression of two biblical laws implies that they may be interpreted similarly"[29].

4.4 *Definizioni basate sull'aspetto logico*

Non manca chi definisce la GS a partire dal suo **carattere logico**:

- così Schwarz, applicando alla GS lo stesso procedimento logico del *qal wa-ḥomer*, propende per una sorta di sillogismo basato sull'analogia delle parole [30];
- Doeve si muove sulla stessa scia e ne ricava la conseguenza che, in base a questa ottica, non è necessario determinare se l'analogia verta principalmente sulle situazioni o sulle parole, dal momento che i due aspetti sono collegati: l'uso di espressioni analoghe fa capire che sono in relazione anche situazioni analoghe[31].

4.5 *Definizioni ampie*

La molteplicità dei punti di vista ha spinto finalmente tre grandi studiosi dell'ermeneutica rabbinica a tenere insieme dimensioni diverse che confluiscano in **definizioni ad ampio raggio**:

---

[26] Cf. M. JASTROW, *Dictionary of the Targumim, the Talmud Babli and Yerushalmi, and the Midrashic Literature* (Brooklin, NY 1967) 232.

[27] Cf. D. PATTE, *Early Jewish Hermeneutic in Palestine* (SBL DS 22; Missoula 1975) 110.

[28] Cf. ZEITLIN, «Hillel and the Hermeneutic Rules», 161.

[29] Cf. TOWNER, «Hermeneutical Systems», 116. In maniera pressoché simile CHERNICK, «Internal Restraints», 253, parla di comparazione tra parole simili per chiarire ambiguità prevalentemente legali.

[30] A. SCHWARZ, *Der Hermeneutische Syllogismus in der talmudischen Litteratur. Beitrage zur Geschichte der logik im Morgenlande* (Karlsruhe 1901) 108.

[31] Cf. J. W. DOEVE, *Jewish Hermeneutics in the Synoptic Gospels and Acts* (Assen 1954) 66.

- così Lauterbach, facendo opera di sintesi, mette insieme l'aspetto legale e quello logico, con la conseguenza che la sua definizione di GS suona come "argument by analogy, which infers from the similarity of two cases that the legal decision given for the one holds good for the other also"[32];

- in maniera affine, Jacobs ritiene che in origine il principio era puramente logico e che solo in seguito trovò il suo campo principale di applicazione all'interno del diritto; così una legge stabilita con precisione in una pagina poteva chiarire un decreto simile, ma più oscuro, presente in un altro passaggio[33];

- Lieberman ritiene non necessario limitarsi ad un solo aspetto, visto che è possibile una coesistenza di varie prospettive. Infatti, la logica rabbinica era costantemente tesa a risolvere contraddizioni ritenute soltanto apparenti, dovunque esse si presentassero. A tale scopo la semplice ricerca linguistica altro non era che il pretesto per toccare questioni di vibrante attualità. L'indagine midrashica tramite GS serviva, di conseguenza, a dipanare quelle situazioni inedite che l'incedere della storia presentava di continuo nei più svariati ambiti[34].

Questa rapida carrellata, rappresentativa ma non esaustiva della molteplicità delle definizioni, mostra quanto ampio sia il raggio d'azione della GS. Ma anche quanto sia difficile circoscriverla in maniera settoriale. Per comprenderla a fondo è dunque fondamentale procedere oltre i piani formali per delinearne, invece, il funzionamento. Qui, infatti, si colloca il vero fulcro della nostra regola.

---

[32] Cf. J. Z. LAUTERBACH, «Talmud Hermeneutics», JE XII, 32.
[33] Cf. L. JACOBS, «Hermeneutics», EJ VIII, 368. Su posizioni analoghe anche DAUBE, «Rabbinic Methods», 241.
[34] Cf. LIEBERMAN, *Hellenism in Jewish Palestine*, 53.

CAPITOLO TERZO

Livelli di funzionamento della GS

Il lavoro svolto dall'inferenza analogica nella costruzione delle sue trame logico-deduttive si muove, dunque, secondo varie direttrici. Non siamo, cioè, di fronte ad un monolito ermeneutico, come può essere il *qal wa-ḥomer*, il cui verso è sempre *"se x così, tanto + y"*. La GS, invece, presenta vari livelli di funzionamento, con sfaccettature molto sottili. Qualcosa è già emerso tra le righe. Si tratta, ora, di entrare nel dettaglio ed esaminare i movimenti di pensiero che accompagnano la nostra regola ermeneutica. In linea di massima ogni GS segue tre linee di percorrenza, che si intersecano sovente tra di loro:

1. l'analogia permette di rilevare tra due testi che hanno in comune lo stesso regolamento interno anche la presenza di una medesima prescrizione finale;

2. l'inferenza analogica consente di attaccare al singolo termine di un passaggio l'intera sequenza di idee, concetti o parole che compare nell'altro onde sopperire a qualche elemento difettivo del primo, del secondo o di entrambi;

3. l'analogia, nel momento in cui lega due espressioni uguali all'interno del testo biblico, non si limita soltanto al contatto terminologico in questione, ma coinvolge, molto spesso per intero, i due archi legali o narrativi circostanti, in modo tale che attraverso una delle due sequenze collegate si può spiegare tanto il contesto quanto l'applicazione dell'altra.

1. Primo livello: stesso statuto stessa prescrizione

L'analisi filologica di Bacher già conteneva un'indicazione fondamentale: se due testi hanno in comune lo stesso statuto ne consegue, per analogia, la stessa prescrizione. Fishbane, più di ogni altro, ha insistito su questa forma di funzionamento, ritenendola caratteristica basilare di ogni GS, fin dai suoi primi esordi all'interno della Bibbia ebraica[1]. La stessa Scrittura, infatti, è la prima testimone di una esegesi analogica, che muove da una comunanza strutturale a due testi per approdare a conclusioni simili. Per esemplificare come la GS lavori nella direzione che va dal rinvenimento dello statuto fino all'applicazione prescrittiva, ci serviremo di tre esempi, presi in prestito proprio da Fishbane.

1.1 *Le regole della custodia*[2]

Siamo all'interno del codice dell'allenza, nella parte che concerne le norme relative al diritto civile e penale:

Es 22,6-8: "⁶Quando un uomo dà in custodia al suo prossimo argento od oggetti e poi nella casa di questo uomo viene commesso un furto, <u>se si trova il ladro, restituirà il doppio</u>. ⁷<u>Se il ladro non si trova, il padrone della casa si accosterà a Dio</u> per giurare che non ha allungato la mano sulla proprietà del suo prossimo.
⁸Qualunque sia l'oggetto di una frode, si tratti di un bue, di un asino, di un montone, di una veste, di qualunque oggetto perduto, di cui uno dice: «È questo!», <u>la causa delle due parti andrà fino a Dio</u>: colui che Dio dichiarerà colpevole <u>restituirà il doppio</u> al suo prossimo".

⁶כִּי־יִתֵּן אִישׁ אֶל־רֵעֵהוּ כֶּסֶף אוֹ־כֵלִים לִשְׁמֹר וְגֻנַּב מִבֵּית הָאִישׁ
אִם־יִמָּצֵא הַגַּנָּב יְשַׁלֵּם שְׁנָיִם: ⁷אִם־לֹא יִמָּצֵא הַגַּנָּב
וְנִקְרַב בַּעַל־הַבַּיִת אֶל־הָאֱלֹהִים אִם־לֹא שָׁלַח יָדוֹ בִּמְלֶאכֶת רֵעֵהוּ:
⁸עַל־כָּל־דְּבַר־פֶּשַׁע עַל־שׁוֹר עַל־חֲמוֹר עַל־שֶׂה עַל־שַׂלְמָה
עַל־כָּל־אֲבֵדָה אֲשֶׁר יֹאמַר כִּי־הוּא זֶה עַד הָאֱלֹהִים יָבֹא דְּבַר־שְׁנֵיהֶם
אֲשֶׁר יַרְשִׁיעֻן אֱלֹהִים יְשַׁלֵּם שְׁנַיִם לְרֵעֵהוּ

In questo passaggio compare un esempio di analogia "da estensione complessa": una prima norma, assai ben circostanziata, trasferisce i suoi requisiti

---

[1] Cf. FISHBANE, *Biblical Interpretation*, 156-157. Stessa sottolineatura in R. N. LONGENECKER, *Biblical Exegesis in the Apostolic Period* (Grand Rapids MI 1992) 20: "verbal analogy from one verse to another; where the same words are applied to two separate cases, it follows that the same considerations apply to both".

[2] Cf. FISHBANE, *Biblical Interpretation*, 248.

CAP. III: LIVELLI DI FUNZIONAMENTO 53

di chiarezza ad una seconda disposizione, che è invece più generica. La regola originaria (Es 22,6-7) concerne l'affido in custodia di argento od oggetti ad un amico. In questo frangente, se si verifica un furto, si aprono due opzioni:

1. se si trova il ladro, dovrà restituire il doppio del maltolto;
2. se non lo si trova, allora l'amico-custode dovrà giurare davanti a Dio di non essere stato lui.

In Es 22,8 questa regola viene estesa ad ogni forma di contestazione su qualsiasi oggetto perduto, dal bue all'asino, dal montone alla veste.

Ma perché la legge può essere allargata da un singolo e preciso caso ad ogni contesa sulle proprietà smarrite o rubate? Perché in entrambe le circostanze all'origine vi è una situazione analoga di sospetto. In Es 22,6-7 il furto della proprietà custodita crea un dubbio sulla lealtà di colui che ha avuto la merce in deposito. Ma anche in Es 22,8 il riconoscimento degli oggetti rubati/smarriti da parte del presunto proprietario può generare un legittimo sospetto, tanto su colui che accusa, quanto su colui che viene accusato. Le due situazioni sono, quindi, rette da un medesimo statuto. Ne consegue, allora, la medesima prescrizione: dovrà esserci un ricorso oracolare a Dio e l'eventuale ladro dovrà restituire il doppio di quanto rubato. Come si vede stesso statuto, stessa prescrizione.

Ovviamente, da un punto di vista squisitamente tecnico, l'esempio di Es 22,6-8 non può essere qualificato come una GS vera e propria, perché manca il livello di rilettura e i testi confrontati sono praticamente adiacenti. Ma è indicativo, ad un livello assai remoto, di quale direzione venisse data al ragionamento. Infatti, la mente legale che ha concepito questa analogia non ha considerato le differenze esistenti tra le due situazioni. Questo non era per lui importante. Prioritaria, invece, era la valutazione che due contesti diversi, ma analoghi per un aspetto fondamentale, potessero essere riconosciuti in una possibilità comparativa da cui far scaturire un decreto comune. Se si ragiona poi a posteriori va anche detto che Es 22,6 ed Es 22,8 sono tra loro in una relazione unica: sono infatti i soli due casi, tra le trentasei occorrenze del verbo יְשַׁלֵּם (= restituirà), in cui, all'interno della Bibbia, questi compare in serie semantica insieme al termine שְׁנַיִם (= il doppio). Vi è solo un altro versetto, Es 22,3, che corrisponde alla medesima caratteristica, anche se la serie non è perfettamente identica, dal momento che i termini sono tra loro invertiti:

"Se ritrova ancora in vita e in suo possesso ciò che è stato rubato, si tratti di bue, di asino o di montone, <u>restituirà il doppio</u>"

אִם־הִמָּצֵא תִמָּצֵא בְיָדוֹ הַגְּנֵבָה מִשּׁוֹר עַד־חֲמוֹר עַד־שֶׂה חַיִּים שְׁנַיִם יְשַׁלֵּם

ma lo statuto è completamente diverso, dal momento che, non trattandosi di un caso sospetto, ma di un ladro scoperto in flagrante, non ha senso il ricorso oracolare a Dio. In ogni modo anche in questo caso si tratta di restituire il doppio del maltolto.

1.2 *La donna violentata nei campi*[3]

Questa volta siamo all'interno del codice deuteronomico, nella parte riguardante i casi di adulterio e fornicazione:

Dt 22,25-27: "[25]Ma se l'uomo trova per i campi la fanciulla fidanzata e facendole violenza pecca con lei, allora dovrà morire soltanto l'uomo che ha peccato con lei; [26]ma non farai nulla alla fanciulla. Nella fanciulla non c'è colpa degna di morte: <u>come quando un uomo assale il suo prossimo e l'uccide, così è in questo caso,</u> [27]perché egli l'ha incontrata per i campi: la fanciulla fidanzata ha potuto gridare, ma non c'era nessuno per venirle in aiuto".

[25]וְאִם־בַּשָּׂדֶה יִמְצָא הָאִישׁ אֶת־הַנַּעַר הַמְאֹרָשָׂה וְהֶחֱזִיק־בָּהּ הָאִישׁ וְשָׁכַב עִמָּהּ וּמֵת הָאִישׁ אֲשֶׁר־שָׁכַב עִמָּהּ לְבַדּוֹ: [26]וְלַנַּעַר לֹא־תַעֲשֶׂה דָבָר אֵין לַנַּעַר חֵטְא מָוֶת כִּי כַּאֲשֶׁר יָקוּם אִישׁ עַל־רֵעֵהוּ וּרְצָחוֹ נֶפֶשׁ כֵּן הַדָּבָר הַזֶּה: [27]כִּי בַשָּׂדֶה מְצָאָהּ צָעֲקָה הַנַּעַר הַמְאֹרָשָׂה וְאֵין מוֹשִׁיעַ לָהּ

Qui, la situazione della fanciulla violentata nei campi viene analogizzata alle norme sugli omicidi volontari e involontari in relazione alle città di rifugio, così come sono contenute in

Dt 19,4-13: "[4]Ecco in qual caso l'omicida che vi si rifugerà avrà salva la vita: chiunque avrà ucciso il suo prossimo involontariamen-

---

[3] Cf. FISHBANE, *Biblical Interpretation*, 249-250.

te, senza che l'abbia odiato prima, ⁵come quando uno va al bosco con il suo compagno a tagliare la legna e, mentre la mano afferra la scure per abbattere l'albero, il ferro gli sfugge dal manico e colpisce il compagno così che ne muoia, colui si rifugerà in una di queste città e avrà salva la vita; ⁶altrimenti il vendicatore del sangue, mentre l'ira gli arde in cuore, potrebbe inseguire l'omicida e, qualora sia lungo il cammino, potrebbe raggiungerlo e colpirlo a morte, mentre quegli non meritava, perché prima non aveva odiato il compagno. ⁷Ti do dunque questo ordine: Scegliti tre città. ⁸Se il Signore tuo Dio allargherà i tuoi confini, come ha giurato ai tuoi padri, e ridarà tutto il paese che ha promesso di dare ai tuoi padri, ⁹se osserverai tutti questi comandi che oggi ti do, amando il Signore tuo Dio e camminando sempre secondo le sue vie, allora aggiungerai tre altre città alle prime tre, ¹⁰perché non si sparga sangue innocente nel paese che il Signore tuo Dio ti dà in eredità e tu non ti renda colpevole del sangue versato. ¹¹Ma se un uomo odia il suo prossimo, gli tende insidie, l'assale, lo percuote in modo da farlo morire e poi si rifugia in una di quelle città, ¹²gli anziani della sua città lo manderanno a prendere di là e lo consegneranno nelle mani del vendicatore del sangue perché sia messo a morte. ¹³L'occhio tuo non lo compianga; toglierai da Israele il sangue innocente e così sarai felice".

In questo caso, la relazione di conformità è più difficile da cogliere, ma è tuttavia chiara. La donna violentata nel campo è vittima di un atto ostile premeditato, analogamente a colui che viene ucciso con inganno. In entrambi i casi solo all'assalitore può essere attribuita volontarietà. Al contrario, l'atto della donna non può essere certo ritenuto come premeditato. Ne consegue che solo l'assalitore sarà reo di morte. Ancora una volta dallo stesso statuto discende la stessa regolamentazione.

Anche qui la mente legale non si cura affatto delle differenze tra le due situazioni. Quel che gli interessa è la presenza di un tratto comune decisivo (volontarietà/involontarietà) che rende possibile la comparazione e l'estensione del medesimo decreto giudiziario. Ancora una volta, quel che vi è di comune e di analogo si pone prioritariamente al livello delle strutture e della dinamica interna.

1.3 *Ezechia e la dilazione della Pasqua*[4]

I due esempi sopra riportati illustrano in quanta considerazione fosse tenuta l'analogia in vista della legislazione, ma non si può certo parlare, a rigor di termini, di GS. Diverso è, invece, il caso di

> 2Cr 30,1-3: "¹Ezechia mandò messaggeri per tutto Israele e Giuda e scrisse anche lettere a Efraim e a Manasse per convocare tutti nel tempio in Gerusalemme a celebrare la pasqua per il Signore Dio di Israele. ²Il re, i suoi ufficiali e tutta l'assemblea di Gerusalemme decisero di celebrare la pasqua nel secondo mese, ³perché non avevano potuto celebrarla nel tempo fissato per il fatto che i sacerdoti non si erano purificati in numero sufficiente e il popolo non si era radunato in Gerusalemme".

La decisione di Ezechia e della sua corte di dilazionare la data della Pasqua, trasferendola al secondo mese, viene stabilita sulla base di

> Nm 9,6-14: "⁶Ora vi erano alcuni uomini che essendo immondi per aver toccato un morto, non potevano celebrare la pasqua in quel giorno. Si presentarono in quello stesso giorno davanti a Mosè e davanti ad Aronne; ⁷quegli uomini dissero a Mosè: «Noi siamo immondi per aver toccato un cadavere; perché dovremo essere impediti di presentare l'offerta del Signore, al tempo stabilito, in mezzo agli Israeliti?». ⁸Mosè rispose loro: «Aspettate e sentirò quello che il Signore ordinerà a vostro riguardo». ⁹Il Signore disse a Mosè: ¹⁰«Parla agli Israeliti e ordina loro: Se uno di voi o dei vostri discendenti sarà immondo per il contatto con un cadavere o sarà <u>in un viaggio lontano</u> (בְּדֶרֶךְ רְחֹקָה), potrà ugualmente celebrare la pasqua in onore del Signore. ¹¹La celebreranno il quattordici del secondo mese al tramonto; mangeranno la vittima pasquale con pane azzimo e con erbe amare; ¹²non ne serberanno alcun resto fino al mattino e non ne spezzeranno alcun osso. La celebreranno secondo tutte le leggi della pasqua. ¹³Ma chi è mondo e non è in viaggio, se si astiene dal celebrare la pasqua, sarà eliminato dal suo popolo; perché non ha presentato l'offerta al Signore nel tempo stabilito, quell'uomo porterà la

---

[4] Cf. FISHBANE, *Biblical Interpretation*, 156-157. 248-249.

CAP. III: LIVELLI DI FUNZIONAMENTO

pena del suo peccato. ¹⁴Se uno straniero che soggiorna in mezzo a voi celebra la pasqua del Signore, si conformerà alle leggi e alle prescrizioni della pasqua. Avrete un'unica legge per lo straniero e per il nativo del paese»".

Da un primo e sommario confronto tra i due testi emergono con facilità i tratti comuni. Nm 9 permette

- a chi è venuto in contatto con un cadavere;
- o si trova in viaggio nel tempo del sacrificio pasquale

di posticiparne la celebrazione di un mese.

In 2Cr 30 Ezechia e la sua corte estendono questa possibilità di dilazionare la festa al 14 del secondo mese anche

- ai sacerdoti che sono stati contaminati da oggetti provenienti dal culto pagano
- e a quanti sono lontani dal santuario centrale di Gerusalemme.

Come si può facilmente notare ci si muove sempre al livello delle situazioni. In entrambi i casi ci sono persone inabili ad adempiere il sacrificio pasquale nel tempo stabilito:

- a causa di una impurità
- e di un viaggio lungo da farsi.

Ne consegue che lo stesso statuto genera la stessa prescrizione: in entrambi i casi la data potrà essere posticipata di un mese.

Anche in quest'ultimo esempio le differenze tra le situazioni non scoraggiano il procedere dell'analogia, benché esse siano talmente consistenti da poter invalidare il tutto:

Nm 9,6-14	2Cr 30,1-3
il problema si presenta nel giorno stesso della pasqua	la dilazione viene decisa a tavolino, molto tempo prima
l'impurità riguarda uomini entrati in contatto con un cadavere	ad essere impuri sono i soli sacerdoti, che non si sono purificati in numero

	sufficiente e di conseguenza non sono disponibili a sopperire alla grande richiesta che se ne faceva in occasione della pasqua
lontananza dovuta ad un viaggio	lontananza dovuta al fatto che il popolo non si è radunato in Gerusalemme
causa dell'impurità: un cadavere	causa dell'impurità: contatto con oggetti del culto pagano
contesto dell'impurità: legale	contesto dell'impurità: sacerdotale
festa: pasqua rituale annuale	festa: pasqua nazionale
santuario locale	tempio di Gerusalemme

Queste sette differenze avrebbero dissuaso chiunque dallo stabilire nessi analogici, ma non la mente legale di Ezechia e della sua corte. Anzi 2Cr 30 appiana con grande abilità le difformità con Nm 9, ricorrendo ad argomenti:

- **strutturali**: l'impurità miasmica può essere analogizzata a quella derivante da contatto con idoli in virtù del fatto che in entrambi i casi l'esercizio del culto ne risulta vietato;

- **linguistici**: la distanza dalla terra santa può essere analogizzata alla distanza dal tempio di Gerusalemme solo se si considera che l'espressione רְחֹקָה di Nm 9,10 compare anche in altri due testi:

    1. Dt 12,21: "Se il luogo che il Signore tuo Dio avrà scelto per stabilirvi il suo nome sarà lontano da te, potrai ammazzare bestiame grosso e minuto che il signore ti avrà dato, come ti ho prescritto; potrai mangiare entro le tue città a tuo piacere";

        כִּי־יִרְחַק מִמְּךָ הַמָּקוֹם אֲשֶׁר יִבְחַר יְהוָה אֱלֹהֶיךָ לָשׂוּם
        שְׁמוֹ שָׁם וְזָבַחְתָּ מִבְּקָרְךָ וּמִצֹּאנְךָ אֲשֶׁר נָתַן יְהוָה לְךָ
        כַּאֲשֶׁר צִוִּיתִךָ וְאָכַלְתָּ בִּשְׁעָרֶיךָ בְּכֹל אַוַּת נַפְשֶׁךָ

    2. Dt 14,24: "Ma se il cammino è troppo lungo per te e tu non puoi trasportare quelle decime, perché è troppo lontano da te il

CAP. III: LIVELLI DI FUNZIONAMENTO 59

luogo dove il Signore tuo Dio avrà scelto di stabilire il suo nome – perché il Signore tuo Dio ti avrà benedetto";

וְכִי־יִרְבֶּה מִמְּךָ הַדֶּרֶךְ כִּי לֹא תוּכַל שְׂאֵתוֹ כִּי־יִרְחַק
מִמְּךָ הַמָּקוֹם אֲשֶׁר יִבְחַר יְהוָה אֱלֹהֶיךָ לָשׂוּם שְׁמוֹ שָׁם
יְבָרֶכְךָ יְהוָה אֱלֹהֶיךָ

In questi due passaggi attraverso una espressione lunga in cui compare anche la menzione della lontananza si fa riferimento al luogo che Dio si è scelto per il culto, vale a dire Gerusalemme. Di conseguenza il viaggio lontano può sottintendere Gerusalemme[5].

In conclusione, una volta stabiliti i tratti comuni, diventa possibile estendere la regola sinaitica alla situazione creatasi al tempo di Ezechia. Dal momento che tra i due testi si osserva un medesimo statuto, tanto al livello di aspetti strutturali che linguistici, ne deriva la stessa prescrizione, ma con un allargamento significativo: la festa può essere posticipata di un mese in modo tale che tanto i nativi quanto gli stranieri vi possano partecipare.

2. Secondo livello: soccorso agli elementi difettivi

Gli esempi riportati nel paragrafo precedente hanno evidenziato un primo livello operativo: da elementi strutturali analoghi si può inferire la stessa prescrizione per due situazioni apparentemente diverse. Il caso di 2Cr 30, però, lasciava presagire l'importanza che sarebbe stata attribuita in seguito al contatto terminologico tra due espressioni, anche se il peso dell'isorrema non emergeva ancora con tutta la sua forza. In origine, infatti, le inferenze includevano argomenti basati tanto sulla comunanza dei fatti quanto sui contatti tra le parole. In seguito, però, l'analogia oggettiva fu designata come semplice *heqqesh*, dal valore probante pressoché nullo. La GS, invece, si caratterizzò sempre più come analogia tra due differenti pagine bibliche, contenenti una parola comune ad entrambe. Di conseguenza, ai fini della sua validità si rese necessario lavorare dapprima sulle connessioni terminologiche. Il che fa pensare all'esistenza di vere e proprie catene, simili alle nostre moderne concordanze, di cui ogni scuola rabbinica doveva essere ben dotata. Una volta

---

[5] Secondo FISHBANE questo sarebbe il primo vero antecedente della successiva GS rabbinica. Per un ulteriore esempio di GS interna allo stesso AT, questa volta tra alcuni passaggi di Sal 18 e 2Sam 22, cf. T. LORENZIN, «L'uso delle regole ermeneutiche al tiqré e gezerah shawah nel Sal 18», *Initium Sapientiae. Scritti in onore di F. Festorazzi nel suo 70° compleanno* (ed. R. FABRIS) (SRivBib 36; Bologna 2000) 83-93.

accertati i contatti tra le parole si poteva poi anche recuperare l'analogia al livello delle situazioni.

La seconda modalità di funzionamento della GS si innesta proprio sull'esigenza di una focalizzazione sintattica: solo in virtù di contatti terminologici particolari tra due testi diventa possibile attaccare alla parola di un passaggio l'intera sequenza di idee che compare nell'altro, in modo tale da sopperire ad aspetti difettivi. La presenza di espressioni comuni diventa così un volano concettuale, che può chiarire molte brachilogie alla luce di frasi lontane. Anche per questa seconda forma di lavoro della GS forniamo tre rapidi esempi, che sono rappresentativi dell'insieme.

2.1 La normativa per gli olocausti

Sifra XIV:II.1[A-I] (ed. J. Neusner, I, 135-136)[6] nota come all'interno del rituale dei sacrifici sono contemplate due norme relative all'olocausto degli uccelli:

Lv 1,15: "Il sacerdote li offrirà all'altare, <u>ne torcerà la testa</u>, che farà bruciare sull'altare, e il sangue sarà spruzzato sulla parete dell'altare";

וְהִקְרִיבוֹ הַכֹּהֵן אֶל־הַמִּזְבֵּחַ וּמָלַק אֶת־רֹאשׁוֹ וְהִקְטִיר הַמִּזְבֵּחָה וְנִמְצָה דָמוֹ עַל קִיר הַמִּזְבֵּחַ

Lv 5,8: "Li porterà al sacerdote, il quale offrirà prima quello per l'espiazione: <u>gli torcerà la testa dal collo</u>, ma senza staccarla";

וְהֵבִיא אֹתָם אֶל־הַכֹּהֵן וְהִקְרִיב אֶת־אֲשֶׁר לַחַטָּאת רִאשׁוֹנָה וּמָלַק אֶת־רֹאשׁוֹ מִמּוּל עָרְפּוֹ וְלֹא יַבְדִּיל

L'espressione מָלַק אֶת־רֹאשׁוֹ (= torcere la sua testa) ricorre solo due volte nel Pentateuco, garantendo quindi un grado di inferenza eccellente[7]. In Lv 5,8, però, la locuzione מָלַק אֶת־רֹאשׁוֹ è accompagnata da una precisazione ulteriore (מִמּוּל עָרְפּוֹ = dal collo). Ne consegue che la specificazione "dal collo" può essere attaccata al "torcere la sua testa" di Lv 1,15, sopperendo all'elemento

---

[6] Esempio riportato da Lauterbach, «Talmud Hermeneutics», 32.

[7] In genere si riteneva che una parola presente solo in due luoghi avesse in entrambi lo stesso significato e garantisse perciò al massimo grado un ragionamento analogico.

difettivo, in modo tale che anche nel caso del semplice olocausto vale la procedura del sacrificio espiatorio.

In questo esempio, assai semplice e chiaro, risulta evidente come la GS funzioni prevalentemente al livello delle parole. Ma non solo. Infatti gli elementi strutturali non sono stati affatto dimenticati: in entrambe le situazioni si tratta sempre dell'offerta di tortore e colombi. Ovviamente anche qui le differenze non mancano, ma poco importa se nel primo caso ci si riferisca ad un semplice olocausto e nel secondo ad un sacrificio espiatorio. Ripetiamolo, *l'inferenza si gioca tra elementi analoghi e non identici*. Quel che è decisivo è il fatto che il contatto terminologico, qui perfetto, permetta di agganciare all'espressione del primo passaggio il complemento che compare nel secondo, sopperendo ad un deficit legislativo che nel primo caso non ha ben indicato il punto in cui il sacerdote deve agire per torcere la testa del volatile.

2.2 La custodia del bestiame da parte di un guardiano a pagamento

MekhY su Es 22,9-14 (ed. T. Martínez Sáiz, 412-416) e *bBM* 41b riflettono sugli indennizzi in caso di furto[8]. Es 22,6-8, già analizzato in precedenza a proposito della prima modalità di funzionamento dell'analogia rabbinica, contiene la norma sull'affido delle merci ad un amico e sulle conseguenze in caso di legittimo sospetto. La norma immediatamente successiva, contenuta in Es 22,9-12, regolamenta invece la custodia del bestiame da parte di un guardiano a pagamento, la cui responsabilità è ovviamente maggiore. Come regolarsi in caso di furto?

Es 22,6-12: "⁶Quando un uomo dà in custodia al suo prossimo argento od oggetti e poi nella casa di questo uomo viene commesso un furto, se si trova il ladro, restituirà il doppio. ⁷Se il ladro non si trova, <u>il padrone della casa si accosterà fino a Dio</u> (וְנִקְרַב בַּעַל־הַבַּיִת אֶל־הָאֱלֹהִים)... <u>che non ha allungato la mano sulla proprietà del suo prossimo</u> (אִם־לֹא שָׁלַח יָדוֹ בִּמְלֶאכֶת רֵעֵהוּ).
⁸Qualunque sia l'oggetto di una frode, si tratti di un bue, di un asino, di un montone, di una veste, di qualunque oggetto perduto, di cui uno dice: «È questo!», la causa delle due parti andrà fino a Dio: colui che Dio dichiarerà colpevole restituirà il doppio al suo prossimo.

---

[8] Esempio riportato da Mielziner, *Introduction to the Talmud*, 146.

> ⁹Quando un uomo dà in custodia al suo prossimo un asino o un bue o un capo di bestiame minuto o qualsiasi bestia, se la bestia è morta o si è prodotta una frattura o è stata rapita senza la presenza di nessun testimone, ¹⁰<u>tra le due parti dovrà intervenire</u> **un giuramento per il Signore** (שְׁבֻעַת יְהוָה תִּהְיֶה בֵּין שְׁנֵיהֶם) per dichiarare che il depositario <u>non ha allungato la sua mano sulla proprietà del suo prossimo</u> (אִם־לֹא שָׁלַח יָדוֹ בִּמְלֶאכֶת רֵעֵהוּ). Il padrone della bestia accetterà e l'altro **non dovrà restituire** (וְלֹא יְשַׁלֵּם). ¹¹Ma se la bestia è stata rubata quando si trovava presso di lui, pagherà l'indennizzo al padrone di essa. ¹²Se invece è stata sbranata, la porterà in testimonianza e non dovrà dare l'indennizzo per la bestia sbranata".

La formulazione legale di Es 22,7 è evidentemente monca:

> "il padrone della casa si accosterà al Signore…che non ha allungato la mano sulla proprietà del suo prossimo".

Ma cosa significa? La formulazione è qui difettiva in due punti:

- non si sa cosa dovrà fare l'amico davanti al Signore per provare che non è lui il ladro;
- non si dice nulla circa l'eventuale indennizzo.

Come regolarsi? Procedendo un po' oltre si nota come Es 22,10 ha in comune con 22,7 la frase אִם־לֹא שָׁלַח יָדוֹ בִּמְלֶאכֶת רֵעֵהוּ (= che non ha allungato la mano sulla proprietà del suo prossimo). Sono gli unici due casi in cui questa serie semantica compare all'interno della Bibbia. Di conseguenza tra loro può essere stabilita una eccellente comparazione[9].

In più la serie è accompagnata in Es 22,10 da due importanti esplicitazioni:

- bisogna fare ricorso ad un giuramento (שְׁבֻעַת יְהוָה תִּהְיֶה בֵּין שְׁנֵיהֶם);
- non si dovrà restituire l'animale morto, ferito o rubato in assenza di testimoni (וְלֹא יְשַׁלֵּם).

---

[9] Anche in questo caso siamo dunque in presenza di espressioni che godono dello statuto di un δὶς λεγόμενον.

CAP. III: LIVELLI DI FUNZIONAMENTO

In virtù di una comparazione tra le varie clausole, MekhY su Es 22,9-14 e *bBM* 41b possono integrare la legge difettiva di Es 22,7 grazie all'aiuto che questa riceve da Es 22,10. Qui la GS agisce al livello delle frasi e produce la seguente disposizione:

> l'amico-guardiano, come il custode stipendiato, giurerà davanti a Dio di non aver rubato e di conseguenza non sarà tenuto all'indennizzo[10].

2.3 *Il figlio testardo*

Questa volta è *mSan* 8,2 a domandarsi quando un figlio ghiottone e ubriacone può essere definito veramente testardo e ribelle. Per rispondere al quesito si ricorre ad una GS tra

Dt 21,20: "...e diranno agli anziani della città: Questo nostro figlio è testardo e ribelle; non vuole obbedire alla nostra voce, è un <u>ghiottone</u> e un <u>ubriacone</u>";

וְאָמְרוּ אֶל־זִקְנֵי עִירוֹ בְּנֵנוּ זֶה סוֹרֵר וּמֹרֶה אֵינֶנּוּ שֹׁמֵעַ בְּקֹלֵנוּ **זוֹלֵל וְסֹבֵא**

Prv 23,20: "Non essere fra gli <u>ubriaconi</u> di vino, né fra i <u>ghiottoni</u> di carne"

אַל־תְּהִי בְסֹבְאֵי־יָיִן בְּזֹלֲלֵי בָשָׂר לָמוֹ

Il contatto tra Dt 21,20 e Prv 23,20 rivela che il figlio ghiottone ed ubriacone non può essere chiamato testardo e ribelle finchè non entra nella compagnia di quanti bevono vino e mangiano carne. Ancora una volta la GS sopperisce ad un difetto, attaccandovi concetti presi altrove.

2.4 *Rapporti tra indefinito e definito*

Gli esempi finora addotti mostrano quanto grande sia il lavoro di ampliamento e chiarificazione semantica svolta da molte inferenze analogiche. A riguardo, Mielziner cita una locuzione talmudica, che ben sintetizza questa seconda forma di lavoro svolto dalla GS

---

[10] È interessante notare come la versione CEI ha realizzato, forse inconsapevolmente, una GS. Infatti Es 22,7 è reso così: "Se il ladro non si trova, il padrone della casa si accosterà a Dio **per giurare** che non ha allungato la mano sulla proprietà del suo prossimo". Ma la menzione del giuramento non compare in TM e può essere inferita solo mediante analogia con Es 22,10!

l'indefinito deve essere spiegato dal definito

ילמוד סתום מן המפורש

cioè, se una espressione in un passaggio della Scrittura è usata in modo ambiguo, il suo significato deve essere accertato da un altro passaggio in cui la stessa espressione ricorre in una connessione più chiara[11]. Il risultato sarà una norma legale o una spiegazione esegetica del tutto nuova, a volte sorprendente, ma pur sempre garantita dalla logica. Questa seconda direttrice di lavoro permette alla GS di diventare uno strumento formidabile nelle mani dei Rabbi nella misura in cui consente di annodare due testi e di farli poi scorrere in parallelo, favorendo un interscambio di parole, espressioni, concetti e perfino contesti. Così le file semantiche cominciano a viaggiare sullo stesso binario e la GS può arrivare ad attaccare ad un brano intero tutta la sequenza di idee che compare nell'altro[12]. Del resto la stessa pagina paradigmatica di Hillel rispecchia questa seconda modalità, visto che collega una serie chiara ad un punto difettivo attraverso il nodo e il successivo scambio di elementi.

Nel momento in cui si attaccano tra loro le sequenze, inoltre, la GS mostra tutto il suo potenziale euristico. Essa, infatti, non si accontenta più di reperire le costanti situazionali, ma si apre all'interpretazione vera e propria. Ciò non significa, però, che una banale uguaglianza di espressioni possa dar luogo a qualsiasi conclusione. Se così fosse, ci troveremmo di fronte ad una esegesi e ad una giurisprudenza eccessivamente creativa, ai limiti della manipolazione oltraggiosa. In realtà il contatto formale deve coniugarsi anche con analogie reali. Solo questa combinazione tra i primi due piani di lavoro della GS garantisce pienamente la validità dell'inferenza finale[13].

3. Terzo livello: il gioco di contesto e applicazione

Un ultimo livello resta da esaminare. Probabilmente il più importante, ma anche il meno rilevato. Seppur tra le righe, è già emersa la grande importanza

---

[11] Cf. MIELZINER, *Introduction to the Talmud*, 143.

[12] Sono queste le modalità di funzionamento che si osservano nei numerosi contatti tra Sal 18 e 2Sam 22 così come evidenziati da LORENZIN, «L'uso delle regole ermeneutiche», 89-92. Cf. a riguardo le preziose e fondamentali precisazioni offerte da SCHWARZ, *Hermeneutische Analogie*, 63-64.

[13] A riguardo A. LUZZATTO, *Leggere il Midrash. Le interpretazioni ebraiche della Bibbia* (Brescia 1999) 61, scrive: "...una parola dal significato oscuro può essere compresa se in un altro contesto biblico è impiegata con un significato evidente; ma anche (forse soprattutto) che l'impiego di una medesima parola in due versetti differenti invita a cercare fra gli stessi versetti delle analogie più sottili e profonde".

che la GS attribuisce al contesto e all'applicazione. Sono questi, infatti, i cardini fondamentali intorno a cui essa si muove. La presenza di termini identici è, in tal senso, solo la fonte da cui si originano poi analogie totali, che abbracciano generalmente circostanze, contesti e applicazioni. Benedetto Carucci Viterbi, meglio di ogni altro, evidenzia questo gioco sottile che si nasconde dietro una GS, quando scrive:

> Il ragionamento procede per analogia. Può essere utilizzata quando compaiono due espressioni uguali nel testo biblico, anche lontane tra loro, attraverso una delle quali si spiega il contesto e l'applicazione dell'altra[14].

Altre voci, un po' più sfumate, si uniscono in questa essenziale sottolineatura. Ouaknin:

> La GS est...un processus qui va au-delà de la polysémie ou de l'ambiguïté sémantique, car ce n'est pas simplement le sens contextuel du mot «x» o «y» qui est transporté, mais le contexte lui-même[15].

E Lévinas:

> ...lorsque le talmudiste, commentant un texte biblique, renvoie à un autre texte biblique – le renvoi serait-il arbitraire – il faut lire soigneusement le contexte du passage cité. Ce n'est pas l'explication du mot qui compte. Il s'agit d'associer un « paysage » biblique à un autre pour dégager de ce jumelage le parfum secret du premier[16].

• Ulteriore compito di una GS è, allora, quello di stabilire un legame tra due testi in modo tale che uno agisca sull'altro definendolo a livello contestuale e applicativo.

3.1 *Le spighe strappate in giorno di sabato*

A conferma di quest'ultimo aspetto, che si interseca però sempre con i due precedenti, serve bene il racconto sinottico delle spighe strappate in giorno di sabato, così come si presenta in

---

[14] B. CARUCCI VITERBI, «Le regole ermeneutiche per l'interpretazione del testo biblico: *Torah* scritta e *Torah* orale», *La lettura ebraica delle Scritture* (ed. S. J. SIERRA) (La Bibbia nella storia 18; Bologna ²1996) 89.
[15] OUAKNIN, *Le Livre Brûlé*, 136.
[16] E. LEVINAS, *Quatre lectures talmudiques* (Paris 1968) 120.

Mt 12,1-8: "¹In quel tempo Gesù passò tra le messi di sabato (τοῖς σάββασιν). Ma i suoi discepoli ebbero fame (ἐπείνασαν) e cominciarono a cogliere spighe e mangiare (ἐσθίειν). ²I farisei vedendo ciò gli dissero: «Vedi? i tuoi discepoli fanno ciò che non è lecito fare (ὃ οὐκ ἔξεστιν ποιεῖν) di sabato (ἐν σαββάτῳ)». ³Ed egli disse loro: «Non avete letto quello che fece Davide quando ebbe fame (ἐπείνασεν), lui e i suoi compagni? ⁴Come entrò nella casa di Dio e mangiarono (ἔφαγον) i pani della presenza, ciò che non era lecito mangiare (φαγεῖν) né a lui né ai suoi compagni, ma solo ai sacerdoti? ⁵O non avete letto nella Legge che di sabato (τοῖς σάββασιν) i sacerdoti nel tempio profanano il sabato e sono senza colpa? ⁶Ma io vi dico che qui c'è qualcosa più grande del tempio. ⁷Se aveste compreso che cosa significa: *Misericordia io voglio e non sacrificio*, non avreste condannato dei senza colpa. ⁸Signore del sabato è infatti il Figlio dell'uomo»"[17].

Senza entrare in una esegesi specifica della pericope matteana, osserviamo soltanto secondo quali criteri si muove l'analogia imbastita da Gesù. Innanzitutto va detto che, per una particolarità di grande rilievo, ai fini del nostro discorso è utilizzabile solo Mt 12,1-8. Infatti a differenza di

Mc 2,23: "Di sabato passava attraverso i campi di grano e i suoi discepoli cominciarono a camminare strappando spighe";

Καὶ ἐγένετο αὐτὸν ἐν τοῖς σάββασιν παραπορεύεσθαι διὰ τῶν σπορίμων, καὶ οἱ μαθηταὶ αὐτοῦ ἤρξαντο ὁδὸν ποιεῖν τίλλοντες τοὺς στάχυας.

e Lc 6,1: "Di sabato passava attraverso i campi di grano e i suoi discepoli strappavano e mangiavano le spighe, sfregandole con le mani";

---

[17] È lo stesso brano su cui attira l'attenzione PONTIFICIA COMMISSIONE BIBLICA, *Il popolo ebraico e le sue Sacre Scritture nella Bibbia cristiana* (Città del Vaticano 2001) 37, n. 22, qualificandolo chiaramente come GS. A ragione il documento restringe l'utilizzo della regola ai soli vv. 1-4. Infatti in 12,5-6 è chiaramente all'opera un *qal wa-ḥomer*:
- il tempio e il suo servizio respingono la legge del sabato (visto che il *tamid* prevale sul sabato);
- Gesù è più del tempio;
- di conseguenza egli ha il diritto di rigettare la legge del sabato.

Cf. anche LONGENECKER, *Biblical Exegesis*, 53.

CAP. III: LIVELLI DI FUNZIONAMENTO 67

> Ἐγένετο δὲ ἐν σαββάτῳ διαπορεύεσθαι αὐτὸν διὰ σπορίμων, καὶ ἔτιλλον οἱ μαθηταὶ αὐτοῦ καὶ ἤσθιον τοὺς στάχυας ψώχοντες ταῖς χερσίν,

solo Mt 12,1 specifica che i discepoli spigolavano perchè "avevano fame" (ἐπείνασαν). Nella descrizione del contesto, gli altri due sinottici, invece, si limitano ad indicare che era sabato, senza aggiungervi nulla. Anche i farisei, però, ricordano solo questo aspetto contestuale, da cui deducono poi la non liceità dell'azione compiuta dai discepoli. Di per sé, lo svellere spighe non aveva controindicazioni legali, come testimoniato da

Dt 23,26:   "Se passi tra la messe del tuo prossimo, potrai cogliere spighe con la mano, ma non metterai la falce nella messe del tuo prossimo".

Quel che crea difficoltà è il fatto che ciò avvenga di sabato, come sottolineato giustamente dai farisei. In genere, ignorando la GS, si ritiene che Matteo abbia aggiunto il verbo ἐπείνασαν per scagionare i discepoli dall'accusa di aver compiuto un'azione proibita a cuor leggero[18]. Ma non è così. In realtà Matteo, che tra i sinottici è il più attento al confronto con la sinagoga, vuole precisare con esattezza il contesto: non era soltanto sabato, ma vi era anche un bisogno come la fame[19]. I farisei, al contrario, ignorano del tutto il frangente in cui si compie l'azione. Essi si fermano all'infrazione del sabato, senza considerare l'insieme più ampio. La disputa ermeneutica che oppone le due parti verte, quindi, sui contesti. Cosa è più importante? Il sabato o la fame? Di fronte all'accusa rivoltagli, Gesù pone una analogia che recupera e chiarisce il contesto di fame in cui si è sviluppata una condotta legalmente proibita, recuperando a tal fine

1Sam 21,2-7:   "²Davide si recò a Nob dal sacerdote Achimelech. Achimelech, turbato, andò incontro a Davide e gli disse: «Perché sei solo e non c'è nessuno con te?». ³Rispose Davide al sacerdote Achimelech: «Il re mi ha ordinato e mi ha detto: Nessuno sappia niente di questa cosa per la quale ti mando e di cui ti ho dato incarico. Ai miei uomini ho dato appuntamento al tal posto. ⁴Ora però se hai a disposizione cinque

---

[18] Così ad esempio J. GNILKA, *Il vangelo di Matteo* (CTNT I/I; Brescia 1990) 645.

[19] Contro ELLIS, *L'Antico Testamento*, 120.171, che concentra la sua attenzione su Lc 6,1-5 e non su Mt 12 per illustrare l'utilizzo della GS da parte di Gesù. In realtà in Lc il fulcro dell'inferenza è andato perduto.

pani, dammeli, o altra cosa che si possa trovare». ⁵Il sacerdote rispose a Davide: «Non ho sottomano pani comuni, ho solo pani sacri: se i tuoi giovani si sono almeno astenuti dalle donne, potete mangiarne». ⁶Rispose Davide al sacerdote: «Ma certo! Dalle donne ci siamo astenuti da tre giorni. Come sempre quando mi metto in viaggio, i giovani sono mondi, sebbene si tratti di un viaggio profano; tanto più oggi essi sono mondi». ⁷Il sacerdote gli diede il pane sacro, perché non c'era là altro pane che quello dell'offerta, ritirato dalla presenza del Signore, per essere sostituito con pane fresco nel giorno in cui si toglie".

Come si vede la GS con 1Sam 21,2-7 attira l'attenzione non sul giorno festivo, ma sull'esigenza materiale: il punto di contatto che lega la situazione di Gesù e dei suoi discepoli a quella di Davide e dei suoi uomini è che in entrambi i casi solo la necessità di soddisfare un bisogno fisiologico come la fame giustifica l'evidente infrazione legale. Davide e Gesù, con le rispettive compagnie, si muovono nello stesso contesto: per entrambi una necessità oggettiva viene risolta facendo ricorso a cibo non lecito. Una volta analogizzato il contesto, anche l'applicazione riceve una ratifica diversa. Quel che i farisei vietavano, Gesù autorizza: la manducazione illecita, permessa a Davide e ai suoi uomini, è ugualmente consentita ai discepoli. Matteo ha così realizzato una bellissima GS tra due episodi: 1Sam 21 chiarisce il contesto di fame in cui sono state strappate le spighe e sancisce a livello applicativo la conseguente relativizzazione del sabato. La presenza di un quadro simile produce dunque una applicazione comune.

Anche per la terza modalità di funzionamento, le differenze non scoraggiano il cammino della GS. Nel caso di Davide, infatti, a non essere permesso era il cibo in se stesso, visto che i pani dell'offerta sono riservati soltanto ad Aronne ed ai suoi figli, secondo il precetto di

Lv 24,9: "I pani saranno riservati ad Aronne e ai suoi figli: essi li mangeranno in luogo santo; perché saranno per loro cosa santissima tra i sacrifici in onore del Signore. È una legge perenne".

Nel caso di Gesù, invece, il problema non è il cibo, lecito, ma il fatto che sia stato procurato contravvenendo alla norma sul riposo sabbatico, così come contenuta in

Es 20,10: "…ma il settimo giorno è il sabato in onore del Signore, tuo Dio: tu non farai alcun lavoro, né tu, né tuo figlio, né tua figlia, né il tuo schiavo, né la tua schiava, né il tuo bestiame, né il forestiero che dimora presso di te".

A voler essere fiscali, poi, non è Gesù ad infrangere il sabato, ma solo i suoi discepoli, a differenza di Davide, che è invece unito ai suoi soldati nella trasgressione (ma questa è una finezza degli evangelisti che non ha nulla a che fare con la GS). Ora, il fatto che la natura della violazione non sia esattamente la stessa non influisce sulla sostanza: quel che era permesso a Davide, vale a dire una infrazione della *halakah*, è ugualmente permesso al Figlio dell'uomo.

L'identificazione di Gesù con il personaggio di

Dn 7,13: "Guardando ancora nelle visioni notturne,
ecco apparire, sulle nubi del cielo,
uno, simile ad un figlio di uomo;
giunse fino al vegliardo e fu presentato a lui,"

mira, poi, ancora una volta all'esplicitazione di contesto e applicazione. A livello contestuale, infatti, tanto Davide in

1Sam 15,28: "Samuele gli disse: «Il Signore ha strappato da te il regno d'Israele e l'ha dato ad un altro migliore di te»"

quanto il Figlio dell'uomo in

Dn 7,14: "che gli diede potere, gloria e regno;
tutti i popoli, nazioni e lingue lo servivano;
il suo potere è un potere eterno,
che non tramonta mai, e il suo regno è tale
che non sarà mai distrutto"

hanno ricevuto un regno da Dio. Di conseguenza a livello applicativo nessuno dei due può essere ritenuto colpevole quando insieme ai propri uomini viola la legge in circostanze analoghe[20].

Ma il gioco di contesto e applicazione non si ferma ancora, anzi continua con costante progressione. Infatti, dal punto di vista di una logica che sia

---

[20] Su quest'ultimo aspetto cf. DOEVE, *Jewish Hermeneutics*, 106-107.163-164; ELLIS, *L'Antico Testamento*, 120.171.

rigorosamente rabbinica gli argomenti portati da Gesù appaiono fin da subito molto deboli per almeno due motivi:

- il caso di Davide non appartiene alla *Torah* e come tale non ha forza obbligante in vista della fissazione di una norma;
- l'esempio di 1Sam 21 è poco calzante dal momento che il problema è lì se si possano mangiare i pani della presenza, che sono destinati ad un uso liturgico, e non se questa fruizione avvenga o meno in giorno di sabato.

Probabilmente queste possibili obiezioni toccarono la GS di Gesù. Ecco allora che, come per l'aggiunta di ἐπείνασαν, Matteo si differenzia nuovamente da Marco e Luca, introducendo un particolare importante. In Mt 12,5-6, infatti, si fa riferimento ad una *halakah* tratta da

Nm 28,9-10: "⁹Nel giorno di sabato offrirete due agnelli dell'anno, senza difetti; come oblazione due decimi di fior di farina intrisa in olio, con la sua libazione. ¹⁰È l'olocausto del sabato, per ogni sabato, oltre l'olocausto perenne e la sua libazione".

In questo passaggio della *Torah* i sacerdoti di sabato sono tenuti ad offrire il doppio sacrificio, quello giornaliero e quello perenne, senza per questo infrangere le norme sul riposo sabbatico (e sono perciò ἀναίτιοι). Questo secondo riferimento spiega definitivamente il contesto del sabato e del suo superamento, questione non del tutto risolta dall'esempio di Davide. Anche qui alcuni elementi sono eterogenei: nel caso dei sacerdoti si tratta dell'offerta fatta in giorno di sabato; per i discepoli la difficoltà concerne le modalità di preparazione del cibo in giorno di sabato. Ma le due situazioni possono essere incluse sotto un solo aspetto: respingimento della legge sabbatica. La nuova GS, così stabilita, diventa poi base del successivo *qal wa-ḥomer*.

È interessante notare con quanta maestria la rilettura matteana dell'episodio delle spighe strappate in giorno di sabato sia andato in cerca di nessi contestuali ed applicativi che si intersecano a vicenda, onde garantire al massimo livello la liceità del comportamento tenuto dai discepoli di Gesù. Seguendo le procedure esegetiche è possibile evidenziare uno schema a tre tempi:

CAP. III: LIVELLI DI FUNZIONAMENTO

I. Confronto base in Mt 12,1-4:

Gesù + suoi discepoli	fame con successiva manducazione in situazione non lecita (sabato)
Davide + suoi compagni	fame con successiva manducazione in situazione non lecita (Lv 24,9)

II. Il riferimento ai sacerdoti in 12,4 fa scattare un nuovo confronto:

Davide + suoi compagni	nella casa di Dio	infrangono una legge (Lv 24,9)
Sacerdoti	nel tempio	infrangono il sabato ma restano senza colpa (Nm 28,9-10)

III. In conclusione il contesto e l'applicazione possono essere definitivamente chiariti:

Sacerdoti	infrangono il sabato	ma restano senza colpa (ἀναίτιοι)
Gesù + suoi discepoli	infrangono il sabato	ma restano senza colpa (ἀναίτιοι)

In definitiva, la GS di Matteo è molto complessa, ma estremamente esemplificativa per il nostro discorso: l'episodio di Davide chiarisce il contesto di fame; la situazione dei sacerdoti il sabato infranto. Al contempo i due richiami veterotestamentari allargano gli orizzonti del dibattito, dando ragione all'applicazione di Gesù e non a quella dei farisei. Molte pagine e molti scenari sono così venuti in contatto grazie ad una trasposizione che ha lavorato più sui contesti che non sulle singole espressioni. L'inferenza finale è che Davide e compagni, sacerdoti, discepoli risultano essere in tutti e tre i casi indiscutibilmente ἀναίτιοι.

CAPITOLO QUARTO

Restrizioni interne all'uso della GS

L'episodio delle spighe strappate ha mostrato con quanta acribia Matteo abbia imbastito la sua GS, pur di svilupparla in maniera canonicamente corretta. Ma quali sono gli argini da rispettare perché l'inferenza analogica sia valida? Quali gli errori da evitare per non cadere in interpretazioni mendaci? Prima di passare all'esame diretto di qualche altra GS neotestamentaria, diventa necessario percorrere un ultimo tratto relativo alle restrizioni imposte all'esercizio della nostra regola, precisando però fin d'ora che la regolamentazione netta del metodo è un fatto tardivo, la cui datazione risale grosso modo all'epoca dei tannaiti[1]. A riguardo Stemberger afferma:

> ...in senso stretto si dovrebbe utilizzare quando in due passi della *Torah* da comparare compaiono le stesse espressioni e, possibilmente, solo in quel caso. Le espressioni, su cui si costruisce la deduzione analogica, non devono inoltre essere necessarie per la comprensione della frase - cosicchè si può supporre che la Bibbia stessa le abbia riferite in funzione di una deduzione analogica[2].

Queste note insistono sul fatto che i testi collegati devono appartenere al solo Pentateuco, meglio se nella forma del δὶς λεγόμενον. Alle espressioni da cui si origina la GS viene, inoltre, richiesto il carattere della superfluità rispetto alla frase o al contesto in cui cadono. Ma Carucci Viterbi aggiunge:

> È necessario, in linea di massima, che le due parole non siano utilizzate per altre forme di interpretazione, che siano cioè libere; l'utilizzazione di questa regola è inoltre limitata a quei passi sui quali, per tradizione, è applicata: individualmente non può essere praticata[3].

---

[1] Sulle restrizioni interne alla GS cf. SCHWARZ, *Hermeneutische Analogie*, 61-65; BACHER, *Exegetische Terminologie*, 15; BONSIRVEN, *Exégèse Rabbinique*, 92-93; MIELZINER, *Introduction to the Talmud*, 147-149; CHERNICK, «Internal Restraints», 253-282.

[2] Così STEMBERGER, *Introduzione al Talmud*, 34.

[3] CARUCCI VITERBI, «Le regole ermeneutiche», 89.

Qui, invece, è la tradizione l'unico solco possibile di percorrenza. E l'elenco potrebbe continuare fino ad includere tutte le limitazioni che imbrigliarono in misura sempre crescente l'esercizio della regola. Cosa pensare? Esiste una normativa chiara tale da fissare in maniera inequivocabile l'utilizzo della GS? Oppure siamo in presenza di indicazioni generiche che lasciano comunque spazio all'estro dell'interprete?

La cosa migliore da fare è seguire brevemente la storia del fenomeno, ripercorrendo le quattro tappe principali che la metodologia d'uso della GS conobbe nel corso della storia dell'ermeneutica ebraica[4].

1. Primo stadio: la purezza delle origini

Secondo Schwarz, la prima forma di GS, di molto precedente ad Hillel, riguardava solo:

- i δὶς λεγόμενα (= detti due volte);
- interni al Pentateuco;
- non importa se costituiti da una parola singola o da espressioni composite, purchè perfettamente identici fin nella più piccola sfumatura grammaticale[5].

Solo di questi, infatti, poteva essere rivendicata l'origine sinaitica, perché la presenza di un contatto così stretto tra due luoghi diversi della *Torah* lasciava presagire che il nesso era intenzionale ed atto a favorire i futuri accostamenti. I Profeti e gli Scritti erano esclusi in partenza: nessuna analogia era possibile al di fuori dei primi cinque libri. In virtù del suo rigore, dunque, agli albori dell'ermeneutica giudaica, solo la GS nella forma del δὶς λεγόμενον era ritenuta veramente incontrovertibile e, come tale, capace di creare nuova giurisprudenza.

---

[4] Su questo aspetto cf. SCHWARZ, *Hermeneutische Analogie*, 61-65; BACHER, *Exegetische Terminologie*, 15.

[5] Anche CHERNICK, «Internal Restraints», 254-256, attribuisce la dignità di GS *stricto sensu* solo a questo tipo di analogie. Diversamente anni prima LIEBERMAN, *Hellenism in Jewish Palestine*, 57, non condivise il contatto tra GS e δὶς λεγόμενον ritenendo che siano due regole diverse: molte volte, infatti, i rabbini creano comparazioni tra parole parallele presenti solo in due luoghi scritturistici, ma senza conferirgli la dignità ermeneutica di una GS.

CAP. IV: RESTRIZIONI INTERNE 75

1.1 L'olocausto degli uccelli: una GS perfetta

Un'ottimo esempio di GS pura è la già citata normativa sugli olocausti degli uccelli così come stabilita in Sifra XIV:II.1^{A-I} (ed. J. NEUSNER, I, 135-136). In questo caso, infatti, l'espressione מָלַק אֶת־רֹאשׁוֹ (= torcere la sua testa) ricorre solo

- in due passaggi (Lv 1,15 e Lv 5,8);
- del Pentateuco;
- in una forma perfettamente identica fin nella più piccola sfumatura.

Di conseguenza la GS gode dello statuto di un δὶς λεγόμενον perfetto.

2. Secondo stadio: il primo allargamento della regola

Successivamente questa rigida restrizione fu abbandonata nel momento in cui ci si cominciò ad indirizzare verso i περὶ δυοῖν λεγόμενα (= detti intorno a due). L'interesse ora non si concentrava più sul numero delle occorrenze, ma sulla semplice presenza di espressioni identiche all'interno di due leggi diverse. Così nel corso della storia accanto alla forza del δίς si cominciò a ragionare anche in base alla debolezza del πολλάκις. E la GS si trovò accanto il *binyan ab* (= struttura generatrice o regola generale derivata da uno o da due testi). Con questa nuova norma esegetica una parola o una frase, il cui significato è chiaro in un passaggio, può servire da appoggio a tutti quei testi dove ricorre la stessa parola o espressione, portandogli in dote la propria comprensibilità. Questo, però, fu l'inizio del declino della GS, alla cui grandezza si sarebbe tornati solo dopo molto tempo.

2.1 La questione della Pasqua: ancora Hillel

Tra i tanti esempi di questo secondo stadio compare anche la pagina programmatica di Hillel. Infatti la famosa GS imbastita dal padre dell'ermeneutica rabbinica si basa sull'occorrenza di בְּמוֹעֲדוֹ (= a suo tempo) in Nm 9,2 e Nm 28,2. Ma la stessa espressione compare altre due volte, come si è già sottolineato, in

Nm 9,3: "La celebrerete <u>a suo tempo</u>, il quattordici di questo mese tra le due sere; la celebrerete secondo tutte le leggi e secondo tutte le prescrizioni e le usanze"

בְּאַרְבָּעָה עָשָׂר־יוֹם בַּחֹדֶשׁ הַזֶּה בֵּין הָעַרְבַּיִם תַּעֲשׂוּ אֹתוֹ
בְּמוֹעֲדוֹ כְּכָל־חֻקֹּתָיו וּכְכָל־מִשְׁפָּטָיו תַּעֲשׂוּ אֹתוֹ

Os 2,11: "Perciò anch'io tornerò a riprendere il mio grano, a suo tempo, il mio vino nuovo nella sua stagione; ritirerò la lana e il lino che dovevano coprire le sue nudità"

לָכֵן אָשׁוּב וְלָקַחְתִּי דְגָנִי בְּעִתּוֹ וְתִירוֹשִׁי בְּמוֹעֲדוֹ
וְהִצַּלְתִּי צַמְרִי וּפִשְׁתִּי לְכַסּוֹת אֶת־עֶרְוָתָהּ

Di conseguenza la GS hillelita appartiene ai περὶ δυοῖν λεγόμενα.

3. Terzo stadio: la deriva metodologica

Le nuove applicazioni della regola diedero, però, vita a interpretazioni talmente contraddittorie da favorire un generale sospetto nei confronti dell'intero metodo. La diminuita esigenza di rigore investì, poi, gli stessi δὶς λεγόμενα, ormai più attenti a comparare piccoli frammenti, che non a rilevare la sequenza semantica complessiva, la sola ad essere veramente decisiva. Tuttavia finchè la regola rimase circoscritta alle parti legali del Pentateuco fu ancora seguita, ma quando anche quest'ultimo argine venne a cadere, il disastro ermeneutico fu totale. Infatti, a differenza delle applicazioni halakiche, forzate sì ma mai del tutto astruse, l'impiego della GS in ambito haggadico produsse una miriade di leggende fantasiose, che andranno ad occupare in seguito tante pagine della letteratura midrashica e talmudica[6]. Di conseguenza, la deriva metodologica fece cadere la regola nel discredito più assoluto[7].

3.1 *Norme per l'acquisto di una moglie: una GS esorbitante*

Tra i tanti esempi di GS imbastita alla leggera serve bene *mQid* 1,1 laddove si riferisce della possibilità di contrarre matrimonio a partire da un gesto di consegna di danaro ad una donna come segno dell'intenzione di prenderla in

---

[6] I principali esponenti di questo utilizzo disinvolto della GS in ambito haggadico furono gli Amoraim, maestri assai distanti dalla razionalità dell'esegesi tannaitica. Le loro GS furono caratterizzate da contatti minimi, addirittura forzati, talvolta inventati. Va tuttavia riconosciuto loro il fatto di non aver mai imbastito simili analogie allo scopo di creare nuova giurisprudenza, ma solo per convalidare a livello scritturistico le opinioni espresse dalle grandi autorità del periodo mishnico. Su questo punto cf. MIELZINER, *Introduction to the Talmud*, 147-149; FISHBANE, *Biblical Interpretation*, 424.

[7] Che esagerazioni ed errori abbiano generato discredito nei confronti della GS è testimoniato anche dai continui moniti che molti insigni maestri indirizzarono ai propri contemporanei per invitarli a non considerare con sufficienza argomenti dedotti mediante una analogia del tipo GS. A riguardo *bKer* 5a, già analizzato in precedenza, documenta però ampiamente la preoccupazione che la GS non fosse tuttavia abbandonata.

futuro come moglie. Ma la Bibbia non riferisce mai di una normativa di tal genere. Ecco allora che il Rabbi di turno invoca

Dt 22,13: "Se un uomo prende una donna e, dopo aver coabitato con lei, la prende in odio..."

כִּי־יִקַּח אִישׁ אִשָּׁה וּבָא אֵלֶיהָ וּשְׂנֵאָהּ

Gn 23,13: "Parlò ad Efron, mentre lo ascoltava la gente del paese, e disse: «Se solo mi volessi ascoltare: io ti do il prezzo del campo. Prendilo da me, così io seppellirò là il mio morto»"

וַיְדַבֵּר אֶל־עֶפְרוֹן בְּאָזְנֵי עַם־הָאָרֶץ לֵאמֹר אַךְ אִם־אַתָּה לוּ שְׁמָעֵנִי נָתַתִּי כֶּסֶף הַשָּׂדֶה קַח מִמֶּנִּי וְאֶקְבְּרָה אֶת־מֵתִי שָׁמָּה

La norma deuteronomica, parlando di matrimonio, usa l'espressione "se un uomo prende una donna"; ma il verbo לקח (= prendere) indica anche acquistare una proprietà e come tale è usato in Gn 23,13 in connessione con il denaro che Abramo consegnò ad Efron per l'acquisto della proprietà della grotta di Macpela. Di conseguenza una GS ormai alla deriva stabilisce, sulla base di un contatto terminologico del tutto casuale, senza nesso alcuno con contesti, serie semantiche ed esame del numero di occorrenze, che anche una moglie, al pari di un campo o di una qualsiasi altra proprietà, possa essere acquistata per mezzo di danaro.

4. Quarto stadio: il recupero e la regolamentazione definitiva

A questo punto la preoccupazione che la GS fosse fatta alla leggera, costringendo il testo biblico a dire tutto ciò che un qualsiasi Rabbi volesse, era un pericolo concreto. Così intorno alle deduzioni analogiche cominciò a circolare un sospetto più che legittimo e tale da indurre i più ad abbandonare definitivamente una metodica ormai compromessa fin nelle sue radici. A meno che non ci si interrogasse nuovamente sui livelli di validità procedurale della regola, onde poter stabilire se il suo modo di spiegare i testi fosse dotato di una bontà intrinseca oppure corrispondesse semplicemente ad una manipolazione anarchica del dettato scritturistico.

4.1 *Le restrizioni tannaitiche*

Questo lavoro di revisione metodologica strutturale fu realizzato dai maestri tannaiti[8], interpreti serissimi che si prodigarono con ogni sforzo per restituire il necessario primato agli elementi testuali. In tal modo il valore intrinseco dei ragionamenti inferenziali fu recuperato con decisione e la nostra regola conobbe un periodo di rinnovato splendore. Di conseguenza tutte le GS, anche quelle prodotte in passato, furono costrette a revisionare la sensatezza delle loro connessioni, ma con il guadagno che il procedimento potè essere di nuovo addotto in sede di ermeneutica scritturistica[9]. A tale scopo i tannaiti stabilirono tutta una serie di parametri restrittivi, tesi a bloccare sul nascere ogni forma di abuso metodologico o di applicazione arbitraria. Una volta ristabiliti gli argini, il campo applicativo della GS risultò enormemente ridotto, ma con il vantaggio non indifferente della ritrovata validità legale delle sue deduzioni.

4.1.1 Prima restrizione: il recupero dei tre cardini iniziali

Il lavoro di imbrigliamento operato dai tannaiti si concentrò innanzitutto intorno a tre condizioni limitative fondamentali, che suonassero come un ritorno alle origini del metodo. Di conseguenza l'utilizzo della GS fu nuovamente ristretto:

- alle prescrizioni giuridiche del Pentateuco;
- con la precisazione che ci si dovesse attenere rigorosamente al testo ebraico;
- e alle forme di vocaboli perfettamente identiche.

A differenza del primo stadio non fu, però, più richiesta la necessità dei δὶς λεγόμενα. È lecito, però, pensare che dietro queste norma tecnica si nascondano almeno tre presupposti ermeneutici.

- il primo, **di carattere teologico**, nasce dalla fede nell'ispirazione letterale della Scrittura, alla cui verità i percorsi analogici rendono omaggio:

---

[8] Maestri vissuti nell'epoca compresa tra Hillel e Aqiba, la cui dottrina, trasmessa oralmente attraverso la ripetizione continua, sarà poi considerata autoritativa.

[9] Come fa giustamente notare STEMBERGER, *Ermeneutica ebraica*, 125: "Il problema che sorge nell'applicazione della regola è intanto la constatazione di quali termini e forme stabiliscano effettivamente una connessione sensata tra due versetti e quindi, sulla base di questo legame, che cosa di un versetto o di una norma possa essere presupposto anche per l'altro versetto o l'altra norma".

è stato lo stesso Spirito di Dio a prevedere in anticipo le future GS, preordinando a tal scopo contatti terminologici perfetti; all'interprete spetta solo il compito di individuarli e sviscerarli[10], con la conseguenza che al Rabbi è lasciata la dignità della ricerca;

- il secondo, **ad impronta giuridica**, deriva dalla consapevolezza che il legislatore, cioè Dio, non può contraddire se stesso, ragion per cui la Scrittura può interpretare se stessa (*Scriptura sui ipsius interpres*), a motivo della unitarietà della Scrittura stessa; è il principio, ammesso anche dai Romani, della *intentio Legislatoris*[11];

- il terzo, **squisitamente metodologico**, induce ad ipotizzare l'esistenza di un lavoro laterale alla GS, come sostiene Stemberger:

> Il procedimento presuppone che la Torà, o la Bibbia, costituisca un tutto organico conchiuso, nel quale tutto si trova in rapporto reciproco e l'espressione linguistica segue non solo criteri stilistici, ma costruisce anche una rete di rapporti ed è formalizzata per scopi di ricerca. La scelta dei vocaboli non è casuale, non soggiace a una valutazione libera. Sul piano tecnico la norma esige che siano approntati elenchi di espressione e formule rare, procedimenti che vengono attribuiti ai soferim, il cui nome può significare non solo «scrivani, scribi», ma anche «contatori». Senza un testo fissato sin nell'ultimo dettaglio (anche della grafia), la regola non può essere applicata[12].

4.1.2 Seconda restrizione: il *mufneh*

In secondo luogo si richiese che l'identica espressione ebraica, occorrente in due diversi passaggi del Pentateuco, fosse anche pleonastica, superflua, celibe, non essenziale, in una sola parola "vuota" (מופנה). Solo questa sua

---

[10] Cf. DOEVE, *Jewish Hermeneutics*, 66.

[11] Su questo aspetto cf. J. S. VOS, «Legem statuimus. Rhetorische Aspekte der Gesetzesdebatte zwischen Juden und Christen», *Juden und Christen in der Antike* (edd. J. van AMERSFOORT - J. van OORT) (Kampen Kok 1990) 44-60; ID., «Die Hermeneutische Antinomie bei Paulus (Gal 3,11-12; Röm 10,5-10)», *NTS* 38 (1992) 254-270. Quest'ultimo contributo, in particolare, è stato recentemente riproposto, con modifiche però significative fin dal nuovo titolo, «Juristische Rhetorik (Gal 3,11-12; Röm 10,5-10)», che tende ad evidenziare le valenze giuridiche in questione, in J. S. VOS, *Die Kunst der Argumentation bei Paulus* (WUNT 149; Tübingen 2002) 115-134, volume unico in cui confluiscono molti degli studi pubblicati in precedenza da VOS sotto forma di articoli.

[12] STEMBERGER, *Ermeneutica ebraica*, 124. Su posizioni assai simili KASHER, «The Interpretation of Scripture», 575-576, secondo cui la GS è la massima espressione di "totalistic approach" alla Bibbia.

ulteriore qualità, tale da risultare evidente già ad una prima lettura, infatti, poteva indicare con chiarezza la volontà interna alla stessa Scrittura di preordinare una successiva GS a tutto vantaggio dello studio dei futuri interpreti (מופנה להקיש ולדין הימנו גזירה שוה). Il *mufneh* non fu tuttavia unanimemente accettato allo stesso modo, nonostante il suo indubbio interesse e il contributo dato a molte *halakot*. A riguardano si contano, infatti, tre diversi indirizzi:

- **Aqiba** riteneva valida la GS anche quando nessuna delle due espressioni era superflua (אינו מופנה בלל)[13];
- **Ismael** con la sua scuola stabilì la necessità che solo uno dei due termini dell'analogia fosse non essenziale: in tal caso la GS era "vuota in un lato" (מופנה מצד אחד) e di conseguenza utile per l'inferenza finale;
- solo **Eliezer** richiedeva, ai fini dell'irrefutabilità dell'analogia, che entrambe le espressioni risultassero superflue (מופנה משני צדדים)[14].

Con buona probabilità, da un punto di vista storico, l'introduzione vera e propria del *mufneh* fu opera di Ismael e dei suoi discepoli. Di conseguenza tra i futuri maestri la norma mediana fu quella maggiormente praticata, dal momento che il "lassismo" di Aqiba alimentava ancora i vecchi sospetti sulla GS, mentre il "rigorismo" di Eliezer appariva come un ultimo tentativo di esclusione completa della regola, come già nel periodo pretannaitico. A proposito giova ricordare come Ismael fu colui che più di tutti si prodigò in favore del recupero dei ragionamenti analogici, in una sintesi che tenesse insieme necessità di rigore testuale con praticabilità concreta, anche se a costo di piccole concessioni. L'impostazione di Ismael è testimoniata tra l'altro dal fatto che con lui la formula originaria della GS rabbinica, לדון גזירה שוה, ricevette un buon allargamento, includendo sia להקיש (con cui si indicava che l'espressione testuale in questione aveva il compito di portare in relazione comparata i due diversi passi biblici in cui essa era presente) che il nostro מופנה. Ecco allora che la formula completa di introduzione divenne מופנה להקיש לדון גזירה שוה, espressione tecnica con cui si dichiarava che un singolo termine o una più ampia locuzione erano superflui, e come tali utilizzabili ai fini di una conclusione analogica[15].

---

[13] Cf. *bYom* 45a.
[14] Cf. *bBQ* 25b; *bYev* 70a; *bNid* 22b; *bShab* 131a.
[15] Cf. BACHER, *Exegetische Terminologie*, 15.

4.1.2.1 La normativa sul bastardo

Un bell'esempio di *mufneh*, secondo le modalità stabilite da Ismael, ricorre in *bYev* 78b ed è imbastito su

Dt 23,3-4: "³Il bastardo non entrerà nella comunità del Signore; nessuno dei suoi discendenti, <u>fino alla decima generazione</u>, entrerà nella comunità del Signore. ⁴L'Ammonita e il Moabita non entreranno nella comunità del Signore; nessuno dei loro discendenti, <u>fino alla decima generazione</u>, entrerà nella comunità del Signore *per sempre*".

³לֹא־יָבֹא מַמְזֵר בִּקְהַל יְהוָה גַּם דּוֹר עֲשִׂירִי לֹא־יָבֹא לוֹ
⁴לֹא־יָבֹא עַמּוֹנִי וּמוֹאָבִי בִּקְהַל יְהוָה גַּם
דּוֹר עֲשִׂירִי לֹא־יָבֹא לָהֶם בִּקְהַל יְהוָה עַד־עוֹלָם

La normativa sull'esclusione dalla comunità di Israele dei figli nati da matrimonio misto presenta una incongruenza evidente. A proposito dell'Ammonita e del Moabita si dice infatti in prima battuta che non entrerà per dieci generazioni, ma subito dopo viene specificato che questo è per sempre. Come spiegare la discrasia? Il figlio per metà Ebreo e per metà Ammonita o Moabita quanto tempo dovrà aspettare prima di essere parte integrante del popolo di Israele: <u>dieci generazioni oppure</u> tale possibilità non gli verrà mai data, neppure dopo un tempo così lungo? Seguiamo il ragionamento con cui i Rabbi sono venuti a capo della difficoltà:

- la prima legge stabilisce il divieto che il figlio nato da un matrimonio misto faccia parte della comunità di Israele <u>fino alla decima generazione</u>;
- la seconda legge prevede lo stesso decreto per gli Ammoniti e i Moabiti;
- le due leggi hanno in comune tra loro l'espressione <u>fino alla decima generazione</u> (גַּם דּוֹר עֲשִׂירִי);
- ma nel secondo caso l'espressione è evidentemente un *mufneh*, una parola vuota, dal momento che il successivo *per sempre* esclude anche tutte le altre generazioni oltre la decima;
- ne consegue che la seconda ricorrenza di <u>fino alla decima generazione</u>, nella sua inessenzialità pleonastica che suona addirittura come contrad-

dittoria, sia stata lì collocata non per sbaglio, ma con lo scopo evidente di intimare ai futuri lettori la presenza di una GS su cui poter lavorare;

- ecco allora che il <u>per sempre</u> si può attaccare anche al figlio nato da matrimonio misto, che sarà quindi escluso dalla comunità del Signore, senza possibilità alcuna di entrarvi per tutto il resto del tempo e non solo per il lasso di dieci generazioni.

Come si vede, la GS, qui vuota in un lato secondo i dettami di Ismael, ha permesso di supplire ad una legge difettiva legandole una clausola presente in altro luogo.

4.1.2.2 *Il libello di ripudio*

Ma talvolta il *mufneh* serviva anche per coprire le difficoltà della ricerca e veniva invocato quando un termine poneva grossi problemi di interpretazione. Emblematico a riguardo è il caso esposto in *bGit* 90a, dove riecheggia la famosa disputa sul libello di ripudio che caratterizza anche Mt 19,3-9. I testi collegati sono

    Dt 19,15: "Un solo testimonio non avrà valore contro alcuno, per qualsiasi colpa e per qualsiasi peccato; qualunque peccato questi abbia commesso, <u>la cosa</u> dovrà essere stabilita sulla parola di due o di tre testimoni";

לֹא־יָקוּם עֵד אֶחָד בְּאִישׁ לְכָל־עָוֹן וּלְכָל־חַטָּאת בְּכָל־חֵטְא
אֲשֶׁר יֶחֱטָא עַל־פִּי שְׁנֵי עֵדִים אוֹ עַל־פִּי שְׁלֹשָׁה־עֵדִים יָקוּם דָּבָר

    Dt 24,1: "Quando un uomo ha preso una donna e ha vissuto con lei da marito, se poi avviene che essa non trovi grazia ai suoi occhi, perché egli ha trovato in lei <u>qualche cosa di vergognoso</u>, scriva per lei un libello di ripudio e glielo consegni in mano e la mandi via dalla casa";

כִּי־יִקַּח אִישׁ אִשָּׁה וּבְעָלָהּ וְהָיָה אִם־לֹא תִמְצָא־חֵן בְּעֵינָיו
כִּי־מָצָא בָהּ עֶרְוַת דָּבָר וְכָתַב לָהּ סֵפֶר כְּרִיתֻת וְנָתַן בְּיָדָהּ
וְשִׁלְּחָהּ מִבֵּיתוֹ

Come si vede, l'unico contatto tra i due versetti è la semplice espressione "<u>cosa</u>" (דָּבָר), termine non necessario per la comprensione e addirittura di difficile spiegazione in Dt 24,1. Cosa significa infatti la difficile e oscura locuzione עֶרְוַת דָּבָר (letteralmente: <u>nudità della cosa</u>)? Sembrerebbe a prima vista trattarsi di fornicazione. Ma i Rabbi individuano nel דָּבָר di 24,1 un caso di *mufneh* vuoto da un lato, secondo la richiesta di Ismael. Di conseguenza la sua non necessarietà pleonastica diventa il segnale per allargare la ricerca ad altri testi. Ora Dt 19,15 lascia intendere che la <u>cosa</u> in questione è una qualsiasi colpa e un qualsiasi peccato (לְכָל־עָוֹן וּלְכָל־חַטָּאת). L'arcano può essere allora chiarito: la <u>nudità della cosa</u> non concerne solo la fornicazione, ma anche qualsiasi altra colpa o peccato, ragion per cui i motivi di separazione non vanno limitati alla sola sfera sessuale essendo di gran lunga più ampi e coinvolgendo tutto ciò che appare sconveniente.

4.1.3 Terza restrizione: la tradizione

Infine, la GS deve essere sostenuta dall'autorità della tradizione, come ricordarono per ben due volte ad Hillel gli anziani di Beteirah[16]:

"nessuno può argomentare da una gezerah shawah di sua autorità";

אין אדם דן גזירה שוה מעצמו

e Rabbì Josè:

"Da una conclusione per gezerah shawah può essere dedotto quel che supporta la tradizione e non ciò che si oppone alla tradizione";

אדם דן גזירה שוה לקיים תלמודו ואין אדם דן גזירה שוה לבטל תלמודו

Ma come recita anche una importante aggiunta post-Talmudica:

"Uno deve aver ricevuto l'analogia dal suo maestro, e il maestro dai suoi maestri fino al tempo della più alta autorità legislativa"[17].

Sulla base di quest'ultima indicazione Rashi, in maniera radicale, ritiene addirittura che ogni deduzione analogica dovesse essere stata consegnata direttamente al Sinai. Ma la sua proposta, tra l'altro di impossibile dimostrabilità, mirava ad escludere ancora una volta il ricorso alla GS. In realtà la norma maggiormente seguita prevedeva che l'applicazione di una inferenza analogi-

---

[16] Cf. *bPes* 66a; *bNid* 19b.
[17] Testo citato in MIELZINER, *Introduction to the Talmud*, 152.

ca, fosse consentita solo ad un intero consiglio o concilio rabbinico, fermo restando che anche in questo caso doveva essere fatta salva la conformità con l'*halakah* tradizionale.

Probabilmente l'argomento della tradizione fu la restrizione più importante, poichè di fatto sottraeva la GS alla libera interpretazione e la ancorava con decisione alle grandi autorità del passato. Il campo d'azione della GS fu, di conseguenza, enormemente limitato. Le inferenze analogiche, infatti, non più fonte e foro per nuove *halakot*, divennero semplici ragionamenti di garanzia biblica relativamente a leggi già approvate dalla tradizione. Così uno degli strumenti esegetici dal maggior potenziale innovativo fu di fatto trasformato in una grande impalcatura nelle mani dell'ortodossia.

In conclusione il lavoro dei tannaiti fu altamente meritorio, anche se resta da chiedersi quali reali preoccupazioni si celassero dietro un inquadramento tanto rigido della regola hillelita. La sensazione è che le potenzialità ermeneutiche della GS siano state ritenute talmente alte da richiedere la taratura su di un calibro preciso che sottraesse terreno alla libera interpretazione. Forse fu proprio per questo motivo, più che per le sue aberrazioni, che la GS conobbe i suoi molti restringimenti. Ma qui si sta entrando in valutazioni di merito che prescindono decisamente dal nostro obiettivo iniziale.

CAPITOLO QUINTO

GS e Nuovo Testamento

Il percorso fin qui seguito è stato originato da considerazioni relative all'interesse sempre più marcato che l'esegesi contemporanea sta accordando alla letteratura midrashica ai fini di una rinnovata comprensione di molte pagine del NT. Del resto risulta evidente come i primi autori cristiani fecero opera di reinterpretazione delle Scritture di Israele alla luce dell'evento ultimo della manifestazione del Messia a lungo atteso. All'interno di questo orizzonte il *midrash* veniva ad essere un terreno particolarmente adatto per rileggere cristologicamente l'intera Bibbia. Di conseguenza le regole ermeneutiche in vigore tra i rabbini trovarono lì un nuovo e fecondo campo di applicazione nella misura in cui consentivano un collegamento tra l'antico ed il nuovo. A riguardo Ellis giustamente ricorda che

> L'esegesi biblica della chiesa neotestamentaria mostra chiaramente il carattere giudaico del cristianesimo primitivo: esso impiegava metodi esegetici comuni al giudaismo e traeva prospettiva e presupposti da sfondi giudaici. In un punto fondamentale, tuttavia, l'ermeneutica cristiana primitiva si differenziò da quella dei gruppi religiosi e delle teologie del giudaismo, e cioè nell'esegesi cristologica delle Scritture, esclusivamente focalizzata su Gesù quale messia. Ciò influì decisamente sia sulla prospettiva dalla quale essa interpretò l'Antico Testamento, sia sulle modalità in cui i presupposti fornirono, a loro volta, la struttura teologica per lo sviluppo dei temi esegetici e per l'intera teologia neotestamentaria[1].

In quanto operazione esegetica giudaica ampiamente diffusa e praticata, anche la GS fu utilizzata con una certa frequenza dall'ermeneutica cristiana primitiva. Del resto il già menzionato episodio delle spighe strappate in giorno di sabato secondo la versione matteana lasciava in un certo senso presagire un simile sviluppo. Anzi, fatti salvi i problemi di datazione, Paolo in particolare è, fino ad oggi e fino a prova contraria, il primo autore, in ordine di tem-

---

[1] Cf. ELLIS, *L'Antico Testamento*, 161-162.

po, in cui si trova l'uso formale della GS, operazione esegetica che comparirà poi con una relativa abbondanza anche a Qumran e nelle fonti rabbiniche[2].

Senza voler esaurire tutte le GS presenti all'interno del NT, è però utile mostrarne alcune, imbastite nella fattispecie da Paolo, al fine di mostrare le modalità in base alle quali una tecnica tanto raffinata fu impiegata dal primo grande scrittore cristiano.

1. 1Cor 3,18-20: la GS sui sapienti

In 1Cor 1-4 l'apostolo delle genti sviluppa in maniera paradossale il tema della sapienza e della stoltezza in riferimento alla predicazione della croce, come recita

1,18: "La parola della croce infatti è stoltezza per quelli che vanno in perdizione, ma per quelli che si salvano, per noi, è potenza di Dio".

---

[2] Sulle caratteristiche peculiari dell'esegesi paolina, con particolare riferimento alla sua tonalità midrashica, cf. BONSIRVEN, *Exégèse rabbinique et exégèse paulinienne*; H. J. SCHOEPS, *Paulus. Die Theologie des Apostels im Lichte der jüdischen Religionsgeschichte* (Tübingen 1959); W. D. DAVIES, *Paul and Rabbinic Judaism. Some Rabbinic Elements in Pauline Theology* (London ³1970); A. T. HANSON, *Studies in Paul's Technique and Theology* (London 1974); D. DAUBE, *The New Testament and Rabbinic Judaism* (New Hampshire 1984); A. DEL AGUA PEREZ, *El método midrásico y la exégesis del Nuevo Testamento* (Biblioteca Midrásica 4; Valencia 1985); KOCH, *Schrift als Zeuge*; HAYS, *Echoes of Scripture*; P. J. TOMSON, *Paul and the Jewish Law. Halakha in the Letters of the Apostle to the Gentiles* (CRINT 3.1; Minneapolis 1990); J.-N. ALETTI, «Saint Paul, exégète de l'Écriture», *L'Écriture âme de la théologie* (R. LAFONTAINE ET ALII) (IET 9; Bruxelles 1990) 37-59; E. E. ELLIS, *Paul's Use of the Old Testament* (Grand Rapids MI 1991); R. PENNA, «Atteggiamenti di Paolo verso l'Antico Testamento», *L'Apostolo Paolo. Studi di esegesi e teologia* (Cinisello Balsamo 1991) 436-469; C. D. STANLEY, *Paul and the Language of Scripture. Citation technique in the Pauline Epistles and contemporary literature* (SNTS MS 74; Cambridge 1992); C. A. EVANS - J. A. SANDERS (edd.), *Paul and the Scripture of Israel* (JSNT SS 83; Sheffield 1993); J. W. AAGESON, *Written Also for Our Sake. Paul and the Art of Biblical Interpretation* (Louisville 1993); R. FABRIS, «La Scrittura in Paolo e nelle comunità paoline», *La Bibbia nell'antichità cristiana* (ed. E. NORELLI) (La Bibbia nella storia 15/I; Bologna 1993) 87-103; B. S. ROSNER, «'Written for Us': Paul's view of Scripture», *A Pathway into the Holy Scripture* (edd. P. E. SATTERTHWAITE - D. F. WRIGHT) (Grand Rapids MI 1994) 81-105; T. SÖDING, «Heilige Schriften für Israel und die Kirche. Die Sicht des Alten Testaments bei Paulus», *Das Wort vom Kreuz. Studien zur paulinischen Theologie* (WUNT 93; Tübingen 1997) 222-247; K. D. LITWAK, «Echoes of Scripture? A critical survey of recent works on Paul's use of the Old Testament», *CurResB* 6 (1998) 260-288; F. MANNS, «Paul e la lecture juive des Écritures», *Atti del V Simposio di Tarso su S. Paolo Apostolo* (ed. L. PADOVESE) (Roma 1998) 29-39; G. S. OEGEMA, *Für Israel und die Völker. Studien zum alttestamentlich-jüdischen Hintergrund der paulinischen Theologie* (Leiden 1998); M. NOBILE, «Le citazioni veterotestamentarie di Paolo», *Atti del VII Simposio di Tarso su S. Paolo Apostolo* (ed. L. PADOVESE) (Roma 2002) 21-27.

A partire da 3,5 Paolo passa poi a mostrare come nella Chiesa si riproduca la stessa follia della croce. Tra le tante prove portate a sostegno di questa sua tesi, una è costruita mediante GS. Infatti si legge in

3,18-20: "¹⁸Nessuno si illuda. Se qualcuno tra voi si crede un sapiente in questo mondo, si faccia stolto per diventare sapiente; ¹⁹perché la sapienza di questo mondo è stoltezza davanti a Dio. Sta scritto infatti:
Egli prende i sapienti per mezzo della loro astuzia.
²⁰E ancora:
Il Signore sa che i disegni dei sapienti sono vani."

L'apostolo ha qui citato

Gb 5,13a: "colui che prende i <u>sapienti</u> nella loro astuzia";

לֹכֵד חֲכָמִים בְּעָרְמָם

ὁ καταλαμβάνων σοφοὺς ἐν τῇ φρονήσει

Sal 93,11: "Il Signore conosce i pensieri dell'uomo (ma in Paolo: τῶν σοφῶν = dei <u>sapienti</u>): non sono che un soffio";

יְהוָה יֹדֵעַ מַחְשְׁבוֹת אָדָם כִּי־הֵמָּה הָבֶל

κύριος γινώσκει τοὺς διαλογισμοὺς τῶν ἀνθρώπων ὅτι εἰσὶν μάταιοι.

Come si nota le due citazioni non sono fatte secondo TM, ma in base alla LXX e per giunta anche con alcune differenze di non poco conto. L'apostolo sostituisce addirittura il termine generico «uomini» di Sal 93,11 con un «sapienti» che non ha riscontro alcuno da nessuna parte. Solo a questo punto è però desumibile una GS, dal momento che in ambedue i passi citati compaiono i σοφοί. Ora Paolo vuole attestare come già nella Scrittura sia presente il suo paradosso che contrappone sapienza mondana e follia della croce. Se si passano in rassegna le pagine bibliche, però, mai i due termini σοφία e μωρία ricorrono in una serie semantica che possa aiutarlo in qualche modo. Infatti l'unico testo in cui ciò avviene è un solo *mashal*, ripetuto però due volte e in maniera perfettamente identica in Sir 20,31 e 41,15

"Fa meglio chi nasconde la stoltezza
che colui che nasconde la sapienza";

κρείσσων ἄνθρωπος ἀποκρύπτων τὴν **μωρίαν** αὐτοῦ
ἢ ἄνθρωπος ἀποκρύπτων τὴν **σοφίαν** αὐτοῦ.

Ma, come si può facilmente arguire, l'apostolo non può ricevere aiuto alcuno da questo passaggio dal momento che non è calzante per il suo obiettivo. E sorte migliore non spetta a nessun altro testo dell'AT in cui si parla della σοφία. Infatti mai il termine ricorre in associazione con l'idea di «stoltezza» lungo l'intera Bibbia ebraica secondo le modalità intese da Paolo. Di conseguenza diventa necessario che l'accostamento paradossale tra sapienza e follia sia dedotto per altre vie, ad esempio muovendosi sui binari di una qualche inferenza del tipo GS. A riguardo Gb 5,13a e Sal 93,11 offrono un buon aiuto, visto e considerato che sono accostabili a vario titolo. Infatti in entrambi i contesti di questi passaggi si è in presenza di una proclamazione sapienziale della giustizia di Dio a fronte della sfida mossa dagli stolti. Inoltre Paolo riesce ad ottenere anche un contatto terminologico che fa lavorare i due testi in combinazione, secondo una direttrice molto semplice e tale da far risultare che se

- in Gb 5,13a   **a + b**: sapienti / astuzia
- in Sal 93,11   **a + c**: sapienti / vani
- di conseguenza **b + c**: l'astuzia (dei sapienti) è vana[3].

Ma questa nuova affermazione, non direttamente presente in nessuno dei due testi citati, non è altro che il paradosso di

1Cor 3,19 "…la sapienza di questo mondo è stoltezza davanti a Dio"

con la differenza, però, che ora essa ha ricevuto un adeguato sostegno scritturistico. Ovviamente i problemi non mancano. Questa GS, infatti, da un punto di vista formale non è delle migliori, piena come è di evidenti forzature. Inoltre essa non risponde neppure ad uno dei canoni stabiliti in vista di una inferenza perfetta:

- i due testi non appartengono al Pentateuco;
- la citazione non è secondo l'ebraico, ma in base a LXX;
- il contatto terminologico non è perfettamente identico (τοὺς σοφούς/ τῶν σοφῶν).

---

[3] Cf. PLAG, «Paulus und die *Gezera schawa*», 138-139.

A discolpa dell'apostolo va detto, però, fin da subito che le rigide restrizioni imposte alla GS dai maestri tannaiti sono di molto posteriori al periodo in cui visse Paolo, la cui vicenda esegetica si svolge invece grosso modo all'interno del secondo stadio storico dell'analogia, quello di Hillel, in cui a farla da padrona erano i περὶ δυοῖν λεγόμενα. Occorre, inoltre, anche sottolineare come l'intenzione di Paolo qui non sia affatto quella di stabilire una nuova *halakah*, nel qual caso avrebbe di certo dovuto sottostare a norme più rigide. Il discorso sui sapienti si pone, invece, più sulla linea di una riflessione midrashica ad ampio raggio, per cui non era poi richiesto tutto questo rigore. Si può, quindi, ben dire che in 1Cor 3,19-20 si è in presenza di una GS *lato sensu*, del tipo "qui è detto...lì è detto", tale però da produrre, da un punto di vista logico, una inferenza perfetta.

2. 1Cor 9,9-10: GS e diritto dei ministri del vangelo

Sempre in 1Cor, ma questa volta all'interno della questione degli idoloti, Paolo affronta il tema dei criteri di diritto in base ai quali usare o rinunciare alla propria libertà in vista del bene più grande del non recare intralcio al vangelo, soprattutto in relazione alle difficoltà di coscienza che potrebbero insorgere nell'altro (1Cor 8-10) A questo proposito l'apostolo fa riferimento al suo diritto di essere mantenuto in virtù del suo stesso ministero già a partire dalle domande di

9,7: "E chi mai presta servizio militare a proprie spese? Chi pianta una vigna senza mangiarne il frutto? O chi fa pascolare un gregge senza cibarsi del latte del gregge?".

Ora, nonostante l'evidenza con cui quanti annunziano il vangelo vivano del vangelo stesso, l'apostolo rinuncia al suo diritto di ricompensa perché paradossalmente riconosce nella possibilità di predicare gratuitamente il vangelo, senza avvalersi dello stesso diritto conferitogli dal vangelo, già una ricompensa. Prima, però, di motivare la sua rinuncia ad ogni mantenimento di sorta in virtù di argomenti che affondano la sua ragion d'essere nell'esperienza di vita personale, Paolo assicura che entrate di tal genere sono totalmente autorizzate sulla base della stessa Scrittura:

1Cor 9,8-10: "[8]Io non dico questo da un punto di vista umano; è la legge che dice così. [9]Sta scritto infatti nella legge di Mosè: *Non metterai la museruola al bue che trebbia.* Forse Dio si dà pensiero dei buoi? [10]Oppure lo dice proprio per noi? Certamente fu scritto per noi che *colui che ara deve arare nella speranza di avere la sua parte, come il trebbiatore trebbiare nella stessa speranza"*.

Prima di procedere all'analisi della possibile GS, occorre far cenno ai molti problemi testuali dei nostri versetti. Uno su tutti riguarda il secondo passaggio di cui si riferisce al v. 10. Da dove proviene questo testo? È una citazione oppure una semplice riflessione dell'apostolo, che così commenta la norma mosaica? Entrare nel merito della questione oltrepassa ovviamente i limiti di questo studio, eppure qualcosa va detto. A riguardo si contano due posizioni principali:

- la maggior parte delle edizioni critiche riconoscono in 1Cor 9,10 la presenza di una citazione evidente, visto che il δι' ἡμᾶς γὰρ ἐγράφη ὅτι normalmente serve per questo scopo, ed ipotizzano o un *loghion*[4] o un testo apocrifo a noi sconosciuto o un adattamento forzato di

  Sir 6,19-20: "[19]Accostati ad essa come chi ara e chi semina
  e attendi i suoi ottimi frutti;
  [20]poiché faticherai un po' per coltivarla,
  ma presto mangerai dei suoi prodotti";

- altri, invece, pensano ad un semplice commento di Paolo al testo di Dt 25,4, ricalcato su quello usuale nei rabbini, che non lo applicavano mai agli animali, bensì agli esseri umani[5].

Ora, per quel che concerne il nostro obiettivo, mettiamo per un attimo tra parentesi questo contenzioso, che se risolto in favore della seconda ipotesi annullerebbe chiaramente ogni discorso sulla GS, e consideriamo la possibilità che Paolo stia facendo riferimento a Dt 25,4 e ad un testo a noi ignoto, ma da lui ritenuto di grande valore. Quel che interessa qui è la doppia presenza del verbo ἀλοάω in

---

[4] Così PLAG, «Paulus und die *Gezera schawa*», 139, che giunge a questa conclusione sulla base di un confronto tra 1Cor 9,9-10 e 1Tm 5,18, dove il testo di Dt 25,4 fa nuovamente ritorno, in un contesto simile di sostegno ai presbiteri, in collegamento però questa volta con "Il lavoratore ha diritto al suo salario", citazione di un *loghion* riferito anche da Mt 10,10 e Lc 10,7. Che anche in 1Cor 9,10 Paolo abbia fatto riferimento ad un detto del Signore andato perduto? Al di là di questa possibilità, puramente ipotetica, concordiamo invece pienamente con Plag sul fatto che in 1Tm 5,18 l'accostamento dei due passi ha più il sapore della semplice giustapposizione che non di una inferenza del tipo GS.

[5] Sull'intera questione cf. D. INSTONE-BREWER, «I Corinthians 9,9. A Literal Interpretation of "Do not muzzle the Ox"», *NTS* 38 (1992) 554-565.

CAP. V: GS E NUOVO TESTAMENTO

Dt 25,4:   "Non metterai la museruola davanti al bue che <u>trebbia</u>";

Οὐ φιμώσεις βοῦν **ἀλοῶντα**.

testo ignoto: "colui che ara deve arare nella speranza e colui che <u>trebbia</u> nella speranza di averne parte";

ὀφείλει ἐπ' ἐλπίδι ὁ ἀροτριῶν ἀροτριᾶν καὶ ὁ **ἀλοῶν** ἐπ' ἐλπίδι τοῦ μετέχειν.

Il ragionamento analogico è a questo punto facile da seguire:

- in Dt 25,4   **a + b**: se durante la trebbiatura / niente museruola;
- in testo ignoto   **a + c**: se durante la trebbiatura / diritto ad averne parte;
- di conseguenza **b + c**: niente museruola è diritto ad averne parte[6].

Ma la progressione esegetica di Paolo procede ulteriormente se si considera che

1Cor 9,13:   "Non sapete che coloro che celebrano il culto traggono il vitto dal culto, e coloro che attendono all'altare hanno parte dell'altare?"

riecheggia la norma di

Dt 18,1-8:   "[1]I sacerdoti leviti, tutta la tribù di Levi, non avranno parte né eredità insieme con Israele; vivranno dei sacrifici consumati dal fuoco per il Signore, e della sua eredità. [2]Non avranno alcuna eredità tra i loro fratelli; il Signore è la loro eredità, come ha loro promesso. [3]Questo sarà il diritto dei sacerdoti sul popolo, su quelli che offriranno come sacrificio un capo di bestiame grosso o minuto: essi daranno al sacerdote la spalla, le due mascelle e lo stomaco. [4]Gli darai le primizie del tuo frumento, del tuo mosto e del tuo olio e le primizie delle tosature delle tue pecore; [5]perché il Signore tuo Dio l'ha scelto fra tutte le tue tribù, affinché attenda al servizio nel nome del Signore, lui e i suoi figli sempre. [6]Se un levita, abbandonando qualunque città dove soggiorna in Israele, verrà, seguendo il suo desiderio, al luogo che il Signore avrà scelto [7]e farà il servizio nel nome del Signore tuo Dio, come tutti i suoi fra-

---

[6] Cf. PLAG, «Paulus und die *Gezera schawa*», 139.

telli leviti che stanno là davanti al Signore, ⁸egli riceverà per il suo mantenimento una parte uguale a quella degli altri, senza contare il ricavo dalla vendita della sua casa paterna".

Come si vede la procedura esegetica paolina procede per inferenze. Con una GS è riuscito a dimostrare che il comando di non mettere la museruola al bue che trebbia (Dt 25,4) è analogo al prendere parte del raccolto da parte del trebbiatore (testo ignoto). Ma l'aver parte caratterizza anche il comando di donare ai sacerdoti del tempio una quota dei sacrifici (Dt 18,1-8). Il risultato finale è che esiste un diritto proprio dei ministri del vangelo a ricevere sostentamento.

Ovviamente, come già in 1Cor 3,18-20 la GS paolina, vera o presunta che sia, fatica a stare negli argini della correttezza formale, dal momento che:

- i due testi non appartengono al Pentateuco, anzi forse il secondo è addirittura fuori dalla Bibbia ebraica;
- la citazione non è secondo l'ebraico, ma in base alla LXX;
- il contatto terminologico non è ancora una volta perfettamente identico ($\dot{\alpha}\lambda o\tilde{\omega}\nu\tau\alpha$ / $\dot{\alpha}\lambda o\tilde{\omega}\nu$).

Ad aggravare la situazione c'è, però, ancora un altro fatto. Se in 1Cor 3,18-20 Paolo offriva solo una riflessione midrashica, senza che la sua intenzione fosse quella di stabilire una nuova *halakah*, qui, invece, l'apostolo sembra ragionare proprio in termini di diritto. Egli, infatti, vuole mostrare su base veterotestamentaria la fondatezza di una norma che sancisca la provvigione per i ministri del vangelo. Ma neppure in questo caso l'inferenza rispetta i vincoli metodologici a cui dovrebbe sottostare. E non solo. Infatti l'apostolo dà anche prova di una libertà di impiego talmente grande da poter far dire che già gli accostamenti sono invalidi. Va, tuttavia, notato come l'oggetto della disputa non sia poi così pregnante. Tutti erano convinti del fatto che bisognava provvedere alle esigenze dell'apostolo. Al contrario è Paolo che vuole mostrare come il suo operato sia diverso da ciò che la norma pure prevede, in vista di una ragione più grande. In definitiva, quindi, mancano a questa possibile inferenza i quadri di difficoltà che di solito spingono all'imbastimento di una GS più rigorosa. Anche qui, dunque, Paolo sembra muoversi nell'alveo di una GS *lato sensu*, del tipo "qui è detto...lì è detto", con buoni gradi di analogia logica.

3. Gal 3,10-14: una GS articolata

Tra le più interessanti GS paoline una menzione particolare spetta a Gal 3,6-14, dove l'intero ragionamento è basato su una concatenazione di analogie[7]. Seguire il percorso delle molte inferenze in campo richiederebbe un discorso troppo lungo, che va oltre l'obiettivo del presente lavoro. In linea di massima, comunque, Paolo già in 3,6-9 combina

Gn 15,6: "Abramo credette in Dio e gli fu accreditato come giustizia";

Gn 12,3: "In te saranno benedette tutte le genti"

dal cui contatto deduce che la fede, da cui scaturisce un computo di giustizia, e la benedizione vanno tenute insieme, con la conseguenza positiva che solo chi è dalla fede viene benedetto con l'Abramo credente. Il ragionamento è fin qui deduttivo, ma non del tipo GS, mancando il nesso terminologico.

A questo punto il discorso passa a quanti sono, in maniera opposta, dalle opere della legge: su di essi non c'è benedizione, ma maledizione. Per provare questa nuova affermazione l'apostolo ricorre a due testi che hanno tra loro in comune il termine ἐπικατάρατος, e sono quindi utilizzabili per una GS:

Dt 27,26: "<u>Maledetto chiunque</u> non si attiene a tutto ciò che è scritto nel libro della Legge per fare queste cose";

ἐπικατάρατος πᾶς ὃς οὐκ ἐμμένει πᾶσιν τοῖς γεγραμμένοις ἐν τῷ βιβλίῳ τοῦ νόμου τοῦ ποιῆσαι αὐτά.

Dt 21,23: "<u>Maledetto chiunque</u> pende dal legno";

ἐπικατάρατος πᾶς ὁ κρεμάμενος ἐπὶ ξύλου.

Obiettivo di Paolo è dichiarare come sia negativa la situazione di quanti sono non da fede ma da ἔργα νόμου, poiché essi non stanno sotto la benedizione di Abramo, bensì sotto la maledizione della Legge. Ma la citazione di Dt 27,26, che viene riprodotta tra l'altro insieme a Dt 21,23 con non poche divergenze rispetto alla LXX, non attesta di per sé il carattere negativo delle opere della legge. Al contrario è proprio il compiere ἔργα νόμου che risparmia dalla maledizione. Il problema è sapere se esista la possibilità concreta di seguire *tutte* le cose scritte nel libro della Legge, la qual cosa appare di fatto materialmente impossibile. La giustificazione pertanto non proviene dalla

---

[7] Cf. a riguardo M. RASTOIN, *Tarse et Jérusalem. La double culture de l'Apôtre Paul en Galates 3,6-4,7* (AnBib 152; Roma 2003).

Legge, come testimonia anche un nuovo argomento, basato questa volta su un ulteriore contatto del tipo GS tra

    Ab 2,4:   "il giusto <u>vivrà</u> mediante fede";

                ὁ δίκαιος ἐκ πίστεως **ζήσεται**.

    Lv 18,5:   "chi fa queste cose, <u>vivrà</u> per esse";

                ὁ ποιήσας αὐτὰ **ζήσεται** ἐν αὐτοῖς.

In virtù di quest'altra inferenza Paolo fa già capire che il δίκαιος è esentato dal riporre la sua giustificazione negli ἔργα νόμου, essendogli sufficiente la sola fede. Al contrario chi viene dalle opere della legge dovrebbe vivere in base ad essa. Ma Lv 18,5 non è in relazione analogica solo con Ab 2,4, ma anche con Dt 27,26:

    Lv 18,5:   "<u>chi fa queste cose</u>, vivrà per esse";

                ὁ ποιήσας αὐτὰ ζήσεται ἐν αὐτοῖς.

    Dt 27,26:   "Maledetto chiunque non si attiene a tutto ciò che è scritto nel libro della Legge <u>per fare queste cose</u>";

                ἐπικατάρατος πᾶς ὃς οὐκ ἐμμένει πᾶσιν τοῖς γεγραμμένοις ἐν τῷ βιβλίῳ τοῦ νόμου **τοῦ ποιῆσαι αὐτά**.

Di conseguenza colui che si aspetta di ricevere vita in base agli ἔργα νόμου, cade sotto il rischio della maledizione qualora non dovesse praticare *tutto* ciò che è scritto. Ma il cerchio argomentativo non è ancora chiuso perché la minaccia lanciata dalla Legge in Dt 27,26 è reale e continua a incombere su tutti, tanto su quelli che sono da opere di legge quanto su quelli che sono ormai dalla fede. Ecco allora che si rende necessario il richiamo al Cristo che riscatta dalla maledizione della Legge diventando lui stesso maledizione per noi.

    Qui la GS lavora grosso modo così:

- in Dt 27,26   **a + b**: Maledetto chiunque / non si attiene a tutto ciò che è scritto nel libro della Legge per fare tali cose;
- in Dt 21,23   **a + c**: Maledetto chiunque / pende dal legno;

- di conseguenza **b + c**: chiunque non si attiene a tutto ciò che è scritto nel libro della Legge per fare tali cose *è in relazione con* chi pende dal legno[8].

Il che significa che il Cristo che pende dal legno in quanto agisce ὑπὲρ ἡμῶν riscatta dalla maledizione della Legge quanti non si attengono a tutto ciò che è scritto nel libro della Legge. Infatti la GS rende analoghe le due maledizioni di Dt 27,26 e 21,23 mostrando al contempo come il realizzarsi della seconda renda nulla la prima per quanti non compiono gli ἔργα νόμου, essendo ormai solo dalla fede. Di conseguenza l'istanza mortifera della Legge mosaica conosce comunque compimento in colui che pende dal legno, ma non più in quanti, da ἔθνη, non la praticano. In tal modo le affermazioni della Legge hanno confermato su base scritturistica l'impianto teologico paolino attraverso una concatenazione di inferenze, molte delle quali del tipo GS, che possono così condurre alla dichiarazione finale di

Gal 3,14: "perché in Cristo Gesù la benedizione di Abramo passasse alle genti e noi ricevessimo la promessa dello Spirito mediante la fede".

Ma quest'ultima affermazione riporta al primo collegamento di testi in 3,6-9 con il tema della benedizione per quanti sono dalla fede, con la differenza però che ora la tesi di partenza, contenuta nella *subpropositio* di 3,6-7, non è più solo enunciata, ma anche provata in maniera autorevole. Solo a questo punto, quindi, dopo una lunga serie di inferenze analogiche, il cerchio argomentativo tracciato da Paolo può ritenersi veramente concluso.

Ancora una volta, però, quanto alla correttezza formale, il confronto

- non parte dall'ebraico, ma dalla LXX;
- anche se i due testi dell'inferenza principale appartengono qui entrambi al Pentateuco (Dt 27,26 e 21,23);
- e sono perfettamente identici (ἐπικατάρατος πᾶς);

segno che l'apostolo ha prestato maggiore attenzione alle norme di rigore richieste per imbastire una GS. Del resto la posta in gioco è qui decisamente più alta, tesa come è ad evidenziare la portata soteriologica della croce di Cristo.

---

[8] Cf. PLAG, «Paulus und die *Gezera schawa*», 140.

4. Rm 4,3-8: GS e giustificazione

All'interno del famoso esempio di Abramo compare la migliore GS paolina, la cui analisi è tra le più istruttive per determinare le forme e i metodi attraverso cui l'apostolo utilizzava la regola rabbinica[9]. I due testi confrontati sono qui

> Gn 15,6: "Abramo credette in Dio e gli <u>fu contato</u> a giustizia";
>
> ἐπίστευσεν δὲ 'Αβραὰμ τῷ θεῷ καὶ **ἐλογίσθη** αὐτῷ εἰς δικαιοσύνην.
>
> Sal 32,1-2: "Beati coloro ai quali sono state perdonate le colpe
> e ai quali sono stati ricoperti i peccati;
> beato l'uomo al quale il Signore non <u>conterà</u> il peccato";
>
> μακάριοι ὧν ἀφέθησαν αἱ ἀνομίαι
> καὶ ὧν ἐπεκαλύφθησαν αἱ ἁμαρτίαι·
> μακάριος ἀνὴρ οὗ οὐ μὴ **λογίσηται** κύριος ἁμαρτίαν.

L'apostolo deve chiarire che la giustificazione avviene mediante fede e non in base alle opere. La semplice citazione di Gn 15,6 non è, però, sufficiente al raggiungimento di questo obiettivo, visto e considerato che il giudaismo ha interpretato la fede di Abramo alla stregua di una qualsiasi opera, in ben due passi che suonano come una rilettura di Gn 15,6:

> 1Mac 2,52: "Abramo non fu forse trovato fedele nella tentazione e <u>gli fu contato a giustizia</u>?";
>
> Ἀβρααμ οὐχὶ ἐν πειρασμῷ εὑρέθη πιστός καὶ **ἐλογίσθη αὐτῷ εἰς δικαιοσύνην**;
>
> (qui alla domanda "perché Dio ha giustificato Abramo?" il testo risponde dicendo: "perché era πιστός (=fedele)!"; di conseguenza è l'essere πιστός che determina l'ἐλογίσθη, secondo uno schema di pensiero: Abramo = πιστός = ἐλογίσθη αὐτῷ εἰς δικαιοσύνην);
>
> Sal 105,30-31: "Ma Finees si alzò e si fece giudice, allora cessò la peste e

---

[9] Per una analisi precisa e puntuale della GS di Rm 4 cf. M. J. PORCHER, «Quelques considérations sur l'usage du Psaume 32 dans l'Épître aux Romains (Rm 4,1-12)», *RevSR* 77 (2003/IV), 552-564 ; J.-N. ALETTI, «Romains 4 et Genèse 17. Quelle énigme et quelle solution», *Bib* 84 (2003) 305-325.

CAP. V: GS E NUOVO TESTAMENTO

gli fu contato a giustizia di generazione in generazione per sempre";

καὶ ἔστη Φινεες καὶ ἐξιλάσατο, καὶ ἐκόπασεν ἡ θραῦσις· καὶ **ἐλογίσθη αὐτῷ εἰς δικαιοσύνην** εἰς γενεὰν καὶ γενεὰν ἕως τοῦ αἰῶνος.

(qui alla domanda "perché Dio ha giustificato Finees?" il testo risponde: "perché ha avuto zelo per Dio"; di conseguenza è l'essere stato zelante che determina l'ἐλογίσθη, secondo un identico schema di pensiero: Finees = compie azioni piene di zelo = ἐλογίσθη αὐτῷ εἰς δικαιοσύνην).

Ora per Paolo Gn 15,6 non è stato ben interpretato dalla tradizione giudaica. Ma come può egli giustificare la sua tesi di una giustificazione per sola fede, dal momento che mai si dice nell'AT che qualcuno sia stato giustificato senza le opere della Legge? Per demolire questo consolidato impianto interpretativo Paolo deve dimostrare che le opere non hanno importanza alcuna nell'interpretazione di Gn 15,6. Solo in questo modo risulterà infatti che il credere possa essere contato a giustizia, senza però che l'atto di fede sia considerato un'opera buona, rispetto alla quale Dio sia obbligato a concedere una retribuzione positiva, alla stregua della paga che si dà ad un lavoratore. Ma come procedere? Paolo ha bisogno di un altro testo che gli permetta di separare il πιστεύειν dagli ἔργα νόμου e dal μισθός e di andare, così, in una direzione decisamente contraria all'interpretazione giudaica del suo tempo.

Ecco allora che, per poter realizzare il suo fine esegetico e teologico, Paolo legge Gn 15,6 a partire da Sal 32,1-2, per mezzo di una GS imbastita sulla base di λογίζομαι, il termine comune ai due testi. Ma perché l'apostolo ha ritenuto di dover accostare proprio questi due passaggi? Se si passa in rassegna la LXX si nota come il verbo λογίζομαι ricorra oltre 70 volte. In molti di questi casi, però, ha il significato di "pensare, reputare", ragion per cui il numero dei passi accostabili scende già drasticamente. Ma l'operazione di restringimento può ancora proseguire se anziché fermarsi al mero contatto terminologico si prendono in esami solo quei testi che presentano la stessa sequenza semantica, fatto che è per la GS di importanza decisiva. Ora la sequenza

Dio → conta (= λογίζομαι) → all'uomo → quel che ha fatto/creduto → in positivo/negativo si trova solo in nove passi: Gn 15,6; Lv 7,18; 17,4; Nm 18,27.30; Gb 31,27-28; Sal 32,1-2; Sal 105,30-31; 1Mac 2,52. Si è così scesi da più di settanta occorrenze a nove. Di questi nove passi, poi, ben sette nascono dalla stessa comprensione giudaica secondo cui Dio conta (= λογίζομαι) l'agire umano in positivo/negativo:

> 1. Lv 7,18: "Se uno mangia la carne del sacrificio di comunione il terzo giorno, l'offerente non sarà gradito; dell'offerta <u>non gli sarà contato</u>; sarà un abominio; chi ne avrà mangiato subirà la pena della sua iniquità";
>
> ἐὰν δὲ φαγὼν φάγῃ ἀπὸ τῶν κρεῶν τῇ ἡμέρᾳ τῇ τρίτῃ, οὐ δεχθήσεται αὐτῷ τῷ προσφέροντι αὐτό, **οὐ λογισθήσεται αὐτῷ**, μίασμά ἐστιν· ἡ δὲ ψυχή, ἥτις ἐὰν φάγῃ ἀπ' αὐτοῦ, τὴν ἁμαρτίαν λήμψεται.

In questo caso, chi contravviene alla prescrizione cultuale che prevede di consumare la carne immolata per il sacrificio di comunione nei primi due giorni, bruciando nel fuoco il rimanente, e, invece, la mangia al terzo giorno, sarà contato negativamente da Dio.

> 2. Lv 17,3-4: "³Qualunque Israelita scanna un bue o un agnello o una capra entro il campo o fuori del campo ⁴e non lo conduce all'ingresso della tenda del convegno per presentarlo come offerta al Signore davanti alla dimora del Signore, <u>sarà contato a questo uomo</u> sangue e sarà eliminato dal suo popolo";
>
> ³"Ἄνθρωπος ἄνθρωπος τῶν υἱῶν Ισραηλ ἢ τῶν προσηλύτων τῶν προσκειμένων ἐν ὑμῖν, ὃς ἂν σφάξῃ μόσχον ἢ πρόβατον ἢ αἶγα ἐν τῇ παρεμβολῇ καὶ ὃς ἂν σφάξῃ ἔξω τῆς παρεμβολῆς ⁴καὶ ἐπὶ τὴν θύραν τῆς σκηνῆς τοῦ μαρτυρίου μὴ ἐνέγκῃ ὥστε ποιῆσαι αὐτὸ εἰς ὁλοκαύτωμα ἢ σωτήριον κυρίῳ δεκτὸν εἰς ὀσμὴν εὐωδίας, καὶ ὃς ἂν σφάξῃ ἔξω καὶ ἐπὶ τὴν θύραν τῆς σκηνῆς τοῦ μαρτυρίου μὴ ἐνέγκῃ αὐτὸ ὥστε μὴ προσενέγκαι δῶρον κυρίῳ ἀπέναντι τῆς σκηνῆς κυρίου, καὶ **λογισθήσεται τῷ ἀνθρώπῳ ἐκείνῳ** αἷμα· αἷμα ἐξέχεεν ἐξολεθρευθήσεται ἡ ψυχὴ ἐκείνη ἐκ τοῦ λαοῦ αὐτῆς·

Chi contravviene alla norma che prevede di macellare animali solo presso la tenda del convegno, al fine di far sgorgare il sangue da esso solo, secondo le norme religiose, sarà contato negativamente da Dio.

3. Nm 18,25-27: "²⁵Il Signore disse a Mosè: ²⁶«Parlerai inoltre ai leviti e dirai loro: Quando riceverete dagli Israeliti le decime che io vi do per conto loro in vostro possesso, ne preleverete un'offerta secondo la rituale elevazione da fare al Signore: una decima della decima; ²⁷l'offerta che avrete prelevata <u>sarà contata a voi</u> come il grano che viene dall'aia e come il mosto che esce dal torchio»;

²⁵καὶ ἐλάλησεν κύριος πρὸς Μωυσῆν λέγων ²⁶Καὶ τοῖς Λευίταις λαλήσεις καὶ ἐρεῖς πρὸς αὐτούς Ἐὰν λάβητε παρὰ τῶν υἱῶν Ισραηλ τὸ ἐπιδέκατον, ὃ δέδωκα ὑμῖν παρ' αὐτῶν ἐν κλήρῳ, καὶ ἀφελεῖτε ὑμεῖς ἀπ' αὐτοῦ ἀφαίρεμα κυρίῳ ἐπιδέκατον ἀπὸ τοῦ ἐπιδεκάτου. ²⁷καὶ **λογισθήσεται ὑμῖν** τὰ ἀφαιρέματα ὑμῶν ὡς σῖτος ἀπὸ ἅλω καὶ ἀφαίρεμα ἀπὸ ληνοῦ.

Il levita che offre la decima della sua decima viene contato positivamente da Dio.

4. Nm 18,30: "Dirai loro: Quando ne avrete prelevato il meglio, quel che rimane <u>sarà contato ai leviti</u> come il provento dell'aia e come il provento del torchio";

καὶ ἐρεῖς πρὸς αὐτούς "Οταν ἀφαιρῆτε τὴν ἀπαρχὴν ἀπ' αὐτοῦ, καὶ **λογισθήσεται τοῖς Λευίταις** ὡς γένημα ἀπὸ ἅλω καὶ ὡς γένημα ἀπὸ ληνοῦ.

Il levita che offre la decima della sua decima viene contato positivamente da Dio.

5. Gb 31,27-28: "²⁷(se...) si è lasciato sedurre in segreto il mio cuore
e con la mano alla bocca ho mandato un bacio,
²⁸anche questo <u>mi sarebbe stato contato</u> sommo delitto, perché avrei rinnegato Dio che sta in alto";

²⁷καὶ εἰ ἠπατήθη λάθρᾳ ἡ καρδία μου, εἰ δὲ καὶ χεῖρά μου ἐπιθεὶς ἐπὶ στόματί μου ἐφίλησα, ²⁸καὶ τοῦτό **μοι ἄρα**

ἀνομία ἡ μεγίστη **λογισθείη**, ὅτι ἐψευσάμην ἐναντίον κυρίου τοῦ ὑψίστου.

Giobbe, parlando in difesa di se stesso, dice che se avesse peccato Dio gli avrebbe contato i suoi peccati in negativo.

6. Sal 105,30-31: "³⁰Ma Finees si alzò e si fece giudice, allora cessò la peste ³¹e <u>gli fu contato a giustizia</u> di generazione in generazione per sempre";

³⁰καὶ ἔστη Φινεες καὶ ἐξιλάσατο, καὶ ἐκόπασεν ἡ θραῦσις·
³¹ καὶ **ἐλογίσθη αὐτῷ εἰς δικαιοσύνην** εἰς γενεὰν καὶ γενεὰν ἕως τοῦ αἰῶνος.

L'agire zelante di Finees è contato positivamente da Dio.

7. 1Mac 2,52: "Abramo non fu forse trovato fedele nella tentazione e <u>gli fu contato a giustizia</u>?";

Αβρααμ οὐχὶ ἐν πειρασμῷ εὑρέθη πιστός, καὶ **ἐλογίσθη αὐτῷ εἰς δικαιοσύνην**;

L'agire fedele di Abramo è contato positivamente da Dio.

Come si vede bene, dunque, tutta questa serie di testi ha in comune lo schema secondo cui Dio conta in positivo o in negativo quanto uno compie. Se una persona opera il male ha un bilancio in passivo nei confronti di Dio; viceversa, se opera il bene ha crediti in attivo. E' la teologia classica della retribuzione. Rispetto a questa visione consolidata come può Paolo affermare la verità del suo sentire teologico, che va invece in una direzione opposta, centrata com'è sulla gratuità della giustificazione per fede? Come rendere la difficoltà sollevata dalla rilettura di Gn 15,6 operata da 1Mac 2,52 e da Sal 105,30-31? Gn 15,6 è essenziale alla tesi paolina, ma nella sua difficoltà, aggravata dall'interpretazione postuma della teologia giudaica, necessita di un altro testo che lo confermi dicendo che Dio non giustifica in base alle opere, ma in base alla fede. Rimane ancora un ultimo passo:

8. Sal 32,1-2: "Beati coloro ai quali sono state perdonate le colpe
e ai quali sono stati ricoperti i peccati;
beato l'uomo al quale il Signore non <u>conterà</u> il peccato"

CAP. V: GS E NUOVO TESTAMENTO

μακάριοι ὧν ἀφέθησαν αἱ ἀνομίαι
καὶ ὧν ἐπεκαλύφθησαν αἱ ἁμαρτίαι·
μακάριος ἀνὴρ οὗ οὐ μὴ **λογίσηται** κύριος ἁμαρτίαν.

Sono beati coloro ai quali Dio non conta il peccato.

Questo è l'unico testo in cui si dice che Dio non conta il peccato. Ecco allora che per Paolo Sal 32,1-2 spiega Gn 15,6, anche perchè il peccatore del salmo è nella stessa situazione di Abramo visto che si aspetta tutto da Dio. Davide, infatti, proclamava nel salmo, a mo' di assioma, la beatitudine di chiunque si vede perdonate le iniquità, sotterrate le colpe e non messi in conto i peccati. Il perdono divino è concesso, secondo il macarismo, non a motivo di una buona condotta o per i meriti acquisiti sulla base di buone opere, ma unicamente per un atto di grazia. La persona perdonata non aveva nulla da offrire a Dio; al contrario, quello che in negativo avrebbe dovuto pagare non gli è stato messo sul conto. Ma il verbo usato in Sal 32,2 è lo stesso λογίζομαι di Gn 15,6 per cui Paolo, giocando sul termine comune ai due testi, può stabilire una equivalenza tra il tener conto del credere e il non tener conto del peccato, tra la giustificazione per sola fede e la remissione dei peccati:

Sal 32,1-2=Rm 4,7-8	*Gn 15,6=Rm 4,3*
Dio	(Dio)
non tiene conto	tiene conto
del peccato	del "credere"
dell'uomo=beato, giustificato	di Abramo=giustificato[10].

Logicamente ne consegue che se non contare i peccati dell'uomo da parte di Dio è un atto di grazia, la stessa caratteristica di gratuità si verifica nell'accreditare la fede come giustizia. Il credere non è, allora, un'opera buona a cui spetta una retribuzione dovuta, come la paga a chi lavora, ma la sua attribuzione a giustizia è un dono gratuito. Per mezzo di una bellissima GS Paolo ha così separato la fede dalle opere e dalla ricompensa, suffragando la sua tesi della giustificazione gratuita dei peccatori.

Come si è già notato, con dovizia di particolari, in seguito questo modello interpretativo difficile sarà fortemente ristretto dal rabbinismo posteriore, che ritenendolo anarchico lo restringerà:

---

[10] Così J.-N. ALETTI, *La lettera ai Romani e la giustizia di Dio. Chiavi per interpretare la lettera ai Romani* (Roma 1997) 111.

- al solo testo ebraico;
- alla sola *Torah*;
- alle sole forme identiche dei vocaboli.

Di conseguenza ogni GS paolina viene meno dal momento che:
- parte dalla LXX;
- non si limita alla sola *Torah*;
- non si basa su forme perfettamente identiche.

Anche nel caso dell'accostamento tra Gn 15,6 e Sal 32,1-2:
- il testo di riferimento è la LXX;
- i due passi citati appartengono uno alla *Torah*, l'altro ai Profeti[11];
- le forme non sono identiche (ἐλογίσθη / λογίσηται).

Risulta, però, ormai chiaro che queste limitazioni appartengono ad un periodo successivo, ragion per cui Paolo argomenta sulla base delle regole e dei principi che aveva in quel momento a disposizione.

5. Rilievi conclusivi

L'esame delle GS neotestamentarie potrebbe continuare soffermandosi per esempio su At 2,25-28, su alcuni accostamenti presenti in Rm 9 o ancora sul caso controverso di Eb 7,1-25[12]. Ma il tutto supererebbe il limite del presente lavoro. Alcune altre considerazioni tuttavia si impongono. E riguardano il servizio che la GS rende al *midrash*, con il che ritorniamo al punto da cui si era partiti. Lì, a proposito del confronto tra

---

[11] Il giudaismo considera Davide un profeta, ragion per cui i Salmi appartengono alla letteratura profetica.

[12] La GS di Eb 7,1-3.17.21 è riconosciuta da J. JEREMIAS, «Zur Gedankenführung in den paulinischen Briefen», in *Abba. Studien zur neutestamentlichen Theologie und Zeitgeschichte* (Göttingen 1966) 271-272, che fa leva sul fatto che Gn 14,17-20 sembra essere interpretato alla luce di Sal 110,4, unico altro passo veterotestamentario in cui compare di nuovo il nome di Melchisedek. Ma a ben vedere non sembra che qui sia veramente all'opera una GS con tutto il suo carico ermeneutico, dal momento che le due menzioni di Melchisedek non conducono poi ad una vera inferenza analogica sulla base dei due passi, ma solo ad una loro comune applicazione a Cristo.

CAP. V: GS E NUOVO TESTAMENTO

2Sam 24,1: "La collera del Signore si accese di nuovo contro Israele e incitò Davide contro il popolo in questo modo: «Su, fa' il censimento d'Israele e di Giuda»";

1Cr 21,1: "Satana insorse contro Israele. Egli spinse Davide a censire gli Israeliti"

si era notato come uno dei più importanti obiettivi della ricerca midrashica era rappresentato dal tentativo di decontaminare quanto più possibile l'immagine di Dio presente in alcuni testi. La stessa preoccupazione di porre in evidenza quel che è più conveniente ad una idea la più purificata possibile di Dio emerge in molte delle riletture neotestamentarie dell'AT. E non potrebbe essere diversamente se si considerano i livelli di evoluzione che l'evento Cristo imprime al dibattito su Dio. In tale contesto le regole ermeneutiche giocano un ruolo enorme nella misura in cui contribuiscono a reimpostare la comprensione di tanta parte delle antiche Scritture. Non stupisce allora che alcune delle GS paoline siano intervallate da inviti, talvolta anche ironici, a modificare schemi interpretativi ormai consolidati. Non è forse questo il caso di Rm 4,4-5 ("a chi lavora il salario non viene contato come dono, ma come debito; a chi invece non lavora, ma crede in colui che giustifica l'empio, la sua fede gli viene contata a giustizia"), allorquando Paolo mostra quali criteri retributivi siano maggiormente consoni alla grazia divina? E dello stesso tenore suona l'argomento di 1Cor 9,9-10, per molti versi imparentato con Rm 4,3-8, laddove ironicamente, a proposito della mercede promessa agli operai del vangelo, si afferma che Dio non si dà pensiero dei buoi, ma piuttosto di quanti svolgono un servizio sacro. In entrambi i casi, poi, le due sottolineature si collocano nel bel mezzo delle citazioni dei due testi su cui viene imbastita la GS, segno che uno degli scopi centrali dell'analogia è proprio la riqualificazione dell'idea di Dio. Con ciò, però, né il Cronista, né Paolo volevano fare del *midrash* e delle GS un luogo di manipolazione della Scrittura, ma piuttosto di vera indagine sul senso, in un grande tentativo di raccordare tra loro antico e nuovo, Scrittura e vita, *Torah* scritta e suoi sviluppi presenti.

I quadri midrashici e le loro regole si presentano, quindi, come una chiave ermeneutica utile per individuare aspetti della comunicazione non direttamente espressi, ma che rientrano all'interno del genere utilizzato. Nel caso di Paolo, poi, le sue argomentazioni bibliche vertono sulla Scrittura, a partire da un presente in cui molte nuove domande stanno sorgendo. Dopo l'evento Cristo e la risposta di fede che i pagani stanno dando, che dire delle promesse fatte ai padri, della Legge, della circoncisione, delle alleanze, dei quadri etnici e di tante altre questioni, ma in definitiva di Dio stesso e delle sue modalità d'azione? Il *midrash* e la GS offrono un ottimo strumento per rispondere a questi interrogativi, nella misura in cui favoriscono la reinterpretazione con la possibile conseguente conciliazione di antico e nuovo, di Scrittura e presente.

Ma se il motivo per cui Paolo, e il NT in genere, hanno fatto ricorso al *midrash* ed alle regole rabbiniche, fosse individuabile nella sola volontà di ricevere appoggio e sostegno scritturistico per le proprie posizioni innovative, l'intero portato di un simile utilizzo non verrebbe ad essere esaurito. Di certo i primi scrittori cristiani si preoccuparono di attingere all'autorità ed alla normatività della Bibbia ebraica per legittimare e confermare la bontà della loro visione teologica. Ma è anche vero che, dietro questa esigenza, si nascondeva la volontà di mantenere aperto il dialogo con Israele, con la sua storia, con le sue tradizioni, con le sue Scritture. In tal senso, l'adozione e l'impiego dei metodi esegetici rabbinici, e della GS in particolare, da parte di Paolo e del NT, testimonia, ad un altro livello, quanto grande fu il tentativo, a volte anche polemico e rabbioso, di tenere tuttavia insieme vecchi e nuovi credenti, sinagoga e chiesa, Israele e le genti. Di conseguenza i primi decenni dell'era cristiana, con la condivisione forte delle regole provenienti dall'ermeneutica giudaica, ci stimolano ancora una volta non solo nei contenuti ma anche nelle forme di presentazione dell'evento cristiano. Agli esegeti attuali il compito di riappropriarsi dei quadri culturali e delle topiche giudaiche onde recuperare per intero l'orizzonte in cui la chiesa delle origini predicò il Vangelo *dapprima* ai figli di Israele e poi anche a tutti i popoli della terra.

BIBLIOGRAFIA

AAGESON, J. W., *Written Also for Our Sake*. Paul and the Art of Biblical Interpretation (Louisville 1993).

DEL AGUA PEREZ, A., *El método midrásico y la exégesis del Nuevo Testamento* (Biblioteca Midrásica 4; Valencia 1985).

ALETTI, J.-N., «Saint Paul, exégète de l'Écriture», *L'Écriture âme de la théologie* (R. LAFONTAINE et alii) (IET 9; Bruxelles 1990) 37-59.

———, *La lettera ai Romani e la giustizia di Dio*. Chiavi per interpretare la lettera ai Romani (Roma 1997).

———, «Romains 4 et Genèse 17. Quelle énigme et quelle solution», *Bib* 84 (2003) 305-325.

AVRIL, A. C. - LENHARDT, P., *La lettura ebraica della Scrittura* (Magnano ²1989).

BACHER, W., *Die Exegetische Terminologie der Jüdischen Traditionsliteratur*, I, (Leipzig 1899).

BLAU, L., rec. di A. SCHWARZ, *Die Hermeneutische Analogie in der Talmudischen Litteratur* (Wien 1897), *REJ* 36 (1898) 150-159.

BLOCH, R., «Midrash», DBS V, 1263-1281.

BONSIRVEN, J., *Exégèse Rabbinique et Exégèse Paulinienne* (Paris 1939).

BODENDORFER, G., «Die Tora ist nicht im Himmel. Rabbinische Exegese und Hermeneutik», *Sinnvermittlung*. Studien zur Geschichte von Exegese und Hermeneutik I (edd. P. MICHEL - H. WEDER) (Zürich 2000) 115-140.

CARUCCI VITERBI, B., «Le regole ermeneutiche per l'interpretazione del testo biblico: *Torah* scritta e *Torah* orale», *La lettura ebraica delle Scritture* (ed. S. J. SIERRA) (La Bibbia nella storia 18; Bologna ²1996) 75-101.

CHAJES, Z. C., *The Student's Guide through the Talmud* (New York ²1960).

CHERNICK, M., «Internal Restraints on *Gezerah Shawah*'s Application», *JQR* 80 (1990) 253-282.

COHN-SHERBOK, D., «Paul and Rabbinic Exegesis», *SJT* (1982) 117-132.

DAUBE, D., «Rabbinic Methods of Interpretation and Hellenic Rhetoric», *HUCA* 22 (1949) 239-264.

———, *The New Testament and Rabbinic Judaism* (New Hampshire 1984).

DAVIES, W. D., *Paul and Rabbinic Judaism. Some Rabbinic Elements in Pauline Theology* (London ³1970).

DOEVE, J. W., *Jewish Hermeneutics in the Synoptic Gospels and Acts* (Assen 1954).

ELLIS, E. E., *Paul's Use of the Old Testament* (Grand Rapids MI 1991).

———, *L'Antico Testamento nel primo cristianesimo* (Brescia 1999).

ELON, Y., *Jewish Law*, I (Philadelphia 1994).

EPSTEIN, J. N., *Introduction to Tannaitic Literature. Mishnah, Tosephta and Halakhic Midrashim* (Jerusalem 1957).

EVANS, C. A. - SANDERS, J. A. (edd.), *Paul and the Scripture of Israel* (JSNT SS 83; Sheffield 1993).

FABRIS, R., «La Scrittura in Paolo e nelle comunità paoline», *La Bibbia nell'antichità cristiana* (ed. E. NORELLI) (La Bibbia nella storia 15/I; Bologna 1993) 87-103.

FISHBANE, M., *Biblical Interpretation in Ancient Israel* (Oxford 1985).

FITZMYER, J. A., *Romans* (ABC 33; New York 1993).

GIENIUSZ, A., «"Identity Markers" o "Solus Christus". Quale posta in gioco nella dottrina della giustificazione per fede in Paolo?», *ED* 53 (2000/III) 7-27.

GNILKA, J., *Il vangelo di Matteo* (CTNT I/I; Brescia 1990).

HAACKER, K., «War Paulus Hillelit?», *Institutum Judaicum der Universität Tübingen* (1971/1972) 106-120;

———, «Justification, salut e foi. Étude sur les rapports entre Paul, Jacques et Pierre», *ETR* 73 (1998/2) 177-188.

HAMMER, R. (ed.), *Sifre. A Tannaitic Commentary on the Book of Deuteronomy* (New Haven - London 1986).

HANSON, A. T., *Studies in Paul's Technique and Theology* (London 1974).

HAYS, R. B., *Echoes of Scripture in the Letters of Paul* (New Haven-London 1989).

HOBBEL, A. J., «Hermeneutics in Talmud, Midrash and the New Testament», *Immanuel* 24/25 (1990) 132-146.

INSTONE-BREWER, D., *Techniques and Assumption in Jewish Exegesis before 70 CE* (Tübingen 1992).

INSTONE-BREWER, D., «I Corinthians 9,9. A Literal Interpretation of "Do not muzzle the Ox"», *NTS* 38 (1992) 554-565.

JACOBS, L., «Hermeneutics», EJ VIII, 366-372.

JASTROW, M., *Dictionary of the Targumim, the Talmud Babli and Yerushalmi, and the Midrashic Literature* (Brooklin NY 1967).

JEREMIAS, J., «Zur Gedankenführung in den paulinischen Briefen», *Abba*. Studien zur neutestamentlichen Theologie und Zeitgeschichte (Göttingen 1966) 269-276.

——, «Paulus als Hillelit», *Neotestamentica et Semitica*. Studies in honour of Matthew Black (edd. E. E. ELLIS - M. WILCOX) (Edinburgh 1969) 88-94.

KASHER, R., «The Interpretation of Scripture in Rabbinic Literature», *Mikra*. Text, Translation, Reading and Interpretation of the Hebrew Bible in Ancient Judaism and Early Christianity (ed. M. J. MULDER) (Philadelphia/Assen/Mastricht 1988) 547-594;

KOCH, D.-A., *Die Schrift als Zeuge des Evangeliums*. Untersuchungen zur Verwendung und zum Verständnis der Schrift bei Paulus (BHTh 69; Tübingen 1986).

LAMBRECHT, J., « "Abraham, notre Père à tous". La figure d'Abraham dans les écrits pauliniens », *Pauline Studies* (Leuven 1994) 3-25.

LAUTERBACH, J. Z., «Talmud Hermeneutics», JE XII, 31-33.

LE DÉAUT,R., «A propos d'une définition du midrash», *Bib* 59 (1969) 395-413.

LÉVINAS, E., *Quatre lectures talmudiques* (Paris 1968).

LIEBERMAN, S., *Hellenism in Jewish Palestine*. Studies in the Literary Transmission Beliefs and Manners of Palestine in the I Century B.C.E. – IV Century C.E. (New York 1950).

LITWAK, K. D., «Echoes of Scripture? A critical survey of recent works on Paul's use of the Old Testament», *CurResB* 6 (1998) 260-288.

LONGENECKER, R. N., *Biblical Exegesis in the Apostolic Period* (Grand Rapids MI 1992).

LORENZIN, T., «L'uso delle regole ermeneutiche *al tiqré* e *gezerah shawah* nel Sal 18», *Initium Sapientiae*. Scritti in onore di F. Festorazzi nel suo 70° compleanno (ed. R. FABRIS) (SRivBib 36; Bologna 2000) 83-93.

LUZARRAGA, J., «Principios hermenéuticos de exégesis bíblica en el rabbinismo primitivo», *EstB* 30 (1971) 177-193.

LUZZATTO, A., *Leggere il Midrash.* Le interpretazioni ebraiche della Bibbia (Brescia 1999).

MANNS, F., *Le Midrash* (Jérusalem 1990).

———, «Paul e la lecture juive des Écritures», *Atti del V Simposio di Tarso su S. Paolo Apostolo* (ed. L. PADOVESE) (Roma 1998) 29-39.

MARTÍNEZ SÁIZ, T. (ed.), *Mekilta de Rabbí Ismael.* Comentario rabínico al libro del Éxodo (Biblioteca Midrásica 16; Estella 1995).

MELLO, A., *Evangelo secondo Matteo.* Commento midrashico e narrativo (Magnano 1995).

MIELZINER, M., *Introduction to the Talmud* (New York ⁵1968).

NOBILE, M., «Le citazioni veterotestamentarie di Paolo», *Atti del VII Simposio di Tarso su S. Paolo Apostolo* (ed. L. PADOVESE) (Roma 2002) 21-27.

NEUSNER, J., *What is Midrash?* (Philadelphia 1987).

———, (ed.), *Sifra.* An analytical Translation, I-III, (Atlanta GA 1988).

OEGEMA, G. S., *Für Israel und die Völker.* Studien zum alttestamentlich-jüdischen Hintergrund der paulinischen Theologie (Leiden 1998).

OUAKNIN, M.-A., *Le livre brûlé.* Lire le Talmud (Paris 1986).

PATTE, D., *Early Jewish Hermeneutic in Palestine* (SBL DS 22; Missoula 1975).

PENNA, R., «Atteggiamenti di Paolo verso l'Antico Testamento», *L'Apostolo Paolo.* Studi di esegesi e teologia (Cinisello Balsamo 1991) 436-469.

PERANI, M., «L'interpretazione della Bibbia presso i Rabbi. Aspetti dell'ermeneutica rabbinica», *RivBib* 45 (1997) 329-346.

PERELMAN, C.– OLBRECHTS-TYTECA, L., *Trattato dell'argomentazione* (Torino ³2001).

PLAG, C., «Paulus und die *Gezera schawa*: Zur Übernahme rabbinischer Auslegungskunst», *Jud* 50 (1994) 135-140.

PORCHER, M. J., «Quelques considérations sur l'usage du Psaume 32 dans l'Épître aux Romains (Rm 4,1-12)», *RevSR* 77 (2003/IV) 552-564.

PONTIFICIA COMMISSIONE BIBLICA, *L'interpretazione della Bibbia nella Chiesa* (Città del Vaticano 1993).

———, *Il popolo ebraico e le sue Sacre Scritture nella Bibbia cristiana* (Città del Vaticano 2001).

RASTOIN, M., *Tarse et Jérusalem.* La double culture de l'Apôtre Paul en Galates 3,6-4,7 (AnBib 152 ; Roma 2003).

ROSNER, B. S., «'Written for Us': Paul's view of Scripture», *A Pathway into the Holy Scripture* (edd. P. E. SATTERTHWAITE - D. F. WRIGHT) (Grand Rapids MI 1994) 81-105.

SCHOEPS, H. J., *Paulus*. Die Theologie des Apostels im Lichte der jüdischen Religionsgeschichte (Tübingen 1959).

SCHWARZ, A., *Die Hermeneutische Analogie in der Talmudischen Litteratur* (Wien 1897).

—, *Der hermeneutische Syllogismus in der Talmudischen Litteratur*. Beitrage zur Geschichte der logik im Morgenlande (Karlsruhe 1901).

SILBERMAN, L. H., «Paul's Midrash: Reflections on Romans 4», *Faith and History*. Essays in Honor of P. W. Meyer (edd. J. T. CARROLL - C. H. COSGROVE - E. E. JOHNSON) (Atlanta 1990) 99-104.

SLOMOVIC, E., «Toward an Understanding of the Exegesis of the Dead Sea Scrolls», *RQ* 7 (1969-1971) 3-15.

SÖDING, T., «Heilige Schriften für Israel und die Kirche. Die Sicht des Alten Testaments bei Paulus», *Das Wort vom Kreuz*. Studien zur paulinischen Theologie (WUNT 93; Tübingen 1997) 222-247.

STANLEY, C. D., *Paul and the Language of Scripture*. Citation technique in the Pauline Epistles and contemporary literature (SNTS MS 74; Cambridge 1992).

STEMBERGER, G., *Il Talmud*. Introduzione, testi, commenti (Bologna 1995).

—, *Introduzione al Talmud e al Midrash* (Roma 1995).

—, *Ermeneutica ebraica della Bibbia* (Brescia 2000).

STRACK, H. L., *Einleitung in Talmud und Midrasch* (München 1930).

STRACK, H. L. - STEMBERGER, G., *Einleitung in Talmud und Midrasch*, Beck, München ^{7}1982.

THOMPSON, R. W., «The Alleged Rabbinic Background of Rom 3,21», *EThL* 63 (1987) 136-148.

TOMSON, P. J., *Paul and the Jewish Law*. Halakha in the Letters of the Apostle to the Gentiles (CRINT 3.1; Minneapolis 1990).

TOWNER, W. S., «Hermeneutical Systems of Hillel and the Tannaim: A Fresh Look», *HUCA* 53 (1982) 101-135.

VOS, J. S., «Legem statuimus. Rhetorische Aspekte der Gesetzesdebatte zwischen Juden und Christen», *Juden und Christen in der Antike* (edd. J. van AMERSFOORT - J. van OORT) (Kampen Kok 1990) 44-60.

—, «Die Hermeneutische Antinomie bei Paulus (Gal 3,11-12; Röm 10,5-10)», *NTS* 38 (1992) 254-270.

Vos, J. S., «Juristische Rhetorik (Gal 3,11-12; Röm 10,5-10)», *Die Kunst der Argumentation bei Paulus* (WUNT 149; Tübingen 2002) 115-134.

Zeitlin, S., «Hillel and the Hermeneutic Rules», *JQR* 54 (1963) 161-173.

INDICE DELLE CITAZIONI

1. Riferimenti biblici

Antico Testamento

Genesi

12,3	93
14,17-20	102
15,6	28, 93, 96, 97, 98, 100, 101, 102
17	96
23,13	77

Esodo

20,10	69
22,3	53, 54
22,6	53
22,6-7	53, 62
22,6-8	52, 53, 61
22,6-12	61-62
22,7	62, 63
22,8	53
22,9-12	61
22,10	62, 63
29,34	27

Levitico

1,15	60, 75
5,8	60, 75
7,7	43
7,18	27, 98
14,39	39, 40
14,44	39, 40
17,3-4	98
17,4	98
18,5	94
18,10	27
18,17	27
19,8	27
20,11	27
20,14	27
20,27	27
24,9	68, 71
27,3	45
27,5	46

Numeri

9	57-58
9,2	20, 23, 24, 75
9,3	24, 75
9,6-14	56-58
9,10	58
15,32	33, 34
15,33	35
15,35	35
18, 25-27	99
18,27	98
18,30	98, 99
27,1	35
27,3	33, 34
27,5-7	35
28,2	20, 23, 24, 75
28,9-10	70, 71

Deuteronomio

2,25	37, 38
12,21	58
14,24	58-59
18,1-8	91-92
19,4-13	54-55
19,15	82-83
21,20	63
21,23	93, 94, 95
22,13	77
22,25-27	54
23,3-4	81
23,26	67
24,1	82-83
25,4	90, 91, 92
27,26	93, 94, 95

Giosuè

3,7	37, 38

1Samuele

15,28	69
21	68, 70
21,2-7	67-68

2Samuele

22	64
24,1	15, 103

1Cronache

21,1	15-16, 103

2Cronache

13,22	14
24,27	14
30	57-58, 59
30,1-3	56-58

1Maccabei

2,52	96, 98, 100

Giobbe

5,13a	87, 88
31,27-28	98, 99-100

Salmi

18	64
32	96
32,1-2	28, 96, 97, 98, 100, 101, 102
32,2	101
93,11	87, 88
105,30-31	96-97, 98, 100
110,4	102

Proverbi

23,20	63

Siracide

6,19-20	90
20,31	87
41,15	87

Ezechiele

39,7	37

Daniele

7,13	69
7,14	69

Osea

2,11	24, 76

Abacuc

2,4	94

Nuovo Testamento

Matteo

5,17	29
10,10	90
12	67
12,1	67
12,1-4	71
12,1-8	66
12,5-6	66, 70
19,3-9	82

Marco

2,23	66

Luca

6,1	66
6,1-5	67
10,7	90

Atti

2,25-28	102

Romani

3,31	28
4	28, 96
4,1-2	96
4,3	101
4,3-8	96, 103
4,4-5	103
4,7-8	101
9	102
10,5-10	79

1Corinzi

1-4	86
1,18	86
2,13	44
3,5	87
3,18-20	86, 87, 89, 92
3,19	88
8-10	89
9,7	89
9,8-10	89-90
9,9	90
9,9-10	89, 103
9,10	90
9,13	91

Galati

3,6-7	95
3,6-9	93, 95
3,6-14	93
3,10-14	93
3,11-12	79
3,14	95

1 Timoteo

5,18	90

Ebrei

7,1-3	102
7,1-25	102
7,17	102
7,21	102

2. Letteratura giudaica

Mishnah

Ar 4,4	45, 46
Bes 1,7	25
Qid 1,1	76
Pes 6,1	19
San 8,2	63

Tosefta

San 7,11	18

Talmud

bBM 41 b	61, 63
bBQ 25b	80
bGit 90a	82
bKer 5a	25, 26, 76
bNid 19b	83
bNid 22b	80
bPes 66a	19, 83
yPes 33a	19
bShab 96b	33
bShab 131a	80
bTaan 20a	37
bYev 70a	80
bYev 78b	81
bYom 45a	80

Midrashim

ARN 37,10	18
MekhY su Es 22,9-14	61, 63
Sifra I.I.8[A-H]	18
Sifra XIV:II.1[A-I]	60, 75
Sifra CLVIII:I. 3[A-L]	39
SifDt su Dt 32,50	42

INDICE DEGLI AUTORI

Aageson, J. W.: 86
del Agua Perez, A.: 86
Aletti, J.-N.: 6, 86, 96, 101
van Amersfoort, J.: 79
Avril, A.C.: 19, 48
Bacher, W.: 42, 43, 46, 51, 73, 74, 80
Beutler, J.: 7
Blau, L.: 43
Black, M.: 29
Bloch, R.: 13
Bodendorfer, G.: 17
Bonsirven, J.: 5, 48, 73, 86
Carroll, J. T.: 47
Carucci Viterbi, B.: 65, 73
Chajes, Z. C.: 47
Chernick, M.: 19, 49, 73, 74
Cohn-Sherbok, D.: 29
Cosgrove, C. H.: 47
Daube, D.: 44, 50, 86
Davies, W. D.: 86
Doeve, J. W.: 49, 70, 79
Ellis, E. E.: 15, 29, 48, 67, 69, 85, 86
Elon, Y.: 38
Epstein, J. N.: 27
Evans, C. A.: 86
Fabris, R.: 59, 86
Festorazzi, F.: 59
Fishbane, M.: 48, 51, 52, 54, 56, 59, 76
Fitzmyer, J.: 28
Gieniusz, A.: 44
Gnilka, J.: 67

Haacker, K.: 29, 44
Hammer, R.: 42
Hanson, A. T.: 86
Hays, R. B.: 11, 86
Hobbel, A. J.: 19
Instone-Brewer, D.: 22, 90
Jacobs, L.: 50
Jastrow, M.: 49
Jeremias, J.: 29, 47, 102
Johnson, E. E.: 46
Kasher, R.: 19, 27, 48, 79
Koch, D.-A.: 14, 86
Lafontaine, R.: 86
Lambrecht, J.: 44
Lauterbach, J. Z.: 50, 60
Le Déaut, R.: 13
Lenhardt, P.: 19, 48
Lévinas, E.: 65
Lieberman, S.: 18, 40, 43, 44, 50, 74
Litwak, K. D.: 86
Longenecker, R. N.: 52, 66
Lorenzin, T.: 59, 64
Luzarraga, J.: 17
Luzzatto, A.: 64
Manns, F.: 13, 86
Martínez Sáiz, T.: 61
Mello, A.: 17
Meyer, P. W.: 47
Michel, P.: 17
Mielziner, M.: 32, 38, 48, 61, 64, 73, 76, 83
Montefiori, C. G.: 5
Moore, G. F.: 5

Mulder, M. J.: 19
Neusner, J.: 13, 18, 39, 60, 75
Nobile, M.: 86
Norelli, E.: 86
Oegema, G. S.: 86
Olbrechts-Tyteca, L.: 27
van Oort, J.: 79
Ouaknin, M.-A.: 32, 65
Padovese, L.: 86
Patte, D.: 49
Penna, R.: 86
Perani, M.: 17
Perelman, C.: 27
Plag, C.: 19, 25, 88, 90, 91, 95
Porcher, M. J.: 96
Rastoin, M.: 93
Rosner, B. S.: 86
Sanders, J. A.: 86
Satterthwaite, P. E.: 86
Schoeps, H. J.: 5, 86

Schwarz, A.: 32, 43, 49, 64, 73, 74
Sierra, S. J.: 65
Silberman, L. H.: 47
Slomovic, E.: 19
Söding, T.: 86
Stanley, C. D.: 86
Stemberger, G.: 13, 18, 19, 73, 78, 79
Strack, H.: 13, 18, 19, 42
Swetnam, J.: 7
Tomson, P. J, 86
Thompson, R. W.: 28
Towner, W. S.: 19, 49
Valentino, C.: 7
Vos, J. S.: 79
Weder, H.: 17
Wilcox, M.: 29
Wright, D. F.: 86
Zeitlin, S.: 19, 44, 49

SOMMARIO

INTRODUZIONE 5

ABBREVIAZIONI E SIGLE 9

CAPITOLO PRIMO: La Gezerah Shawah nell'esempio di Hillel 13

1. *Dal midrash alle middoth* 13
   1.1 L'attività midrashica 13
   1.2 Le finalità del midrash 15
   1.3 I luoghi del midrash 16
   1.4 Le middoth 17
2. *Hillel e la nascita dell'ermeneutica giudaica* 18
   2.1 La questione dell'offerta pasquale 19
      2.1.1 Un crescendo di procedure esegetiche 21
      2.1.2 La GS come operazione di restringimento
            all'interno della stessa Bibbia 23
      2.1.3 Lo schema logico della GS hillelita 24
      2.1.4 Reazioni di difficoltà alla GS hillelita 25
   2.2 Una pagina programmatica per tutte le future GS 28

CAPITOLO SECONDO: GS e quadri logico-formali 31

1. *La logica ana-logica* 31
   1.1 Livelli logici della GS 32
   1.2 Campi di applicazione della logica ana-logica 35
      1.2.1 GS e *haggadah* 36
         1.2.1.1 Connessioni midrashiche tra Giosuè e Mosè 37
      1.2.2 GS e *halakah* 38
         1.2.2.1 Le macchie di lebbra nelle case 39
   1.3 Quale logica dietro la GS? 40
2. *Chiarificazione terminologica* 42
   2.1 L'ipotesi di Bacher 42

2.2 L'ipotesi di Lieberman 43
2.3 Una distinzione fondamentale 44
3. *GS e cornice formale* 45
   3.1 Cornice chiara 45
   3.2 Cornice blanda 46
   3.3 Assenza di cornice 47
4. *Definizioni di GS* 47
   4.1 Definizioni basate sull'isorrema 47
   4.2 Definizioni basate sulle circostanze 48
   4.3 Definizioni basate sull'aspetto legale 48
   4.4 Definizioni basate sull'aspetto logico 49
   4.5 Definizioni ampie 49

CAPITOLO TERZO: Livelli di funzionamento della GS 51

1. *Primo livello: stesso statuto stessa prescrizione* 51
   1.1 Le regole della custodia 52
   1.2 La donna violentata nei campi 54
   1.3 Ezechia e la dilazione della Pasqua 56
2. *Secondo livello: soccorso agli elementi difettivi* 59
   2.1 La normativa per gli olocausti 60
   2.2 La custodia del bestiame da parte di un guardiano a pagamento 61
   2.3 Il figlio testardo 63
   2.4 Rapporti tra definito e indefinito 63
3. *Terzo livello: il gioco di contesto e applicazione* 64
   3.1 Le spighe strappate in giorno di sabato 65

CAPITOLO QUARTO: Restrizioni interne all'uso della GS 73

1. *Primo stadio: la purezza delle origini* 74
   1.1 L'olocausto degli uccelli: una GS perfetta 75
2. *Secondo stadio: il primo allargamento della regola* 75
   2.1 La questione della Pasqua: ancora Hillel 75
3. *Terzo stadio: la deriva metodologica* 76
   3.1 Norme per l'acquisto di una moglie: una GS esorbitante 76
4. *Quarto stadio: il recupero e la regolamentazione definitiva* ... 77
   4.1 Le restrizioni tannaitiche 78
      4.1.1 Prima restrizione: il recupero dei tre cardini iniziali 78
      4.1.2 Seconda restrizione: il *mufneh* 79
         4.1.2.1 La normativa sul bastardo 81

    4.1.2.2 Il libello di ripudio 82
    4.1.3 Terza restrizione: la tradizione 83

CAPITOLO QUINTO: GS e Nuovo Testamento 85

1. *1Cor 3,18-20: la GS sui sapienti* 86
2. *1Cor 9,9-10: GS e diritto dei ministri del vangelo* 89
3. *Gal 3,10-14: una GS articolata* 93
4. *Rm 4,3-8: GS e giustificazione* 96
5. *Rilievi conclusivi* 102

BIBLIOGRAFIA 105
INDICE DELLE CITAZIONI 111
INDICE DEGLI AUTORI 115
SOMMARIO 117

STAMPA: Marzo 2007

presso la tipografia
"Giovanni Olivieri" di E. Montefoschi
ROMA • info@tipografiaolivieri.it